商场持久战

周太◇编著

国家行政学院出版社

图书在版编目(CIP)数据

商场持久战 / 周太编著. -- 北京 : 国家行政学院出版社，2015.11

ISBN 978-7-5150-1626-9

Ⅰ. ①商… Ⅱ. ①周… Ⅲ. ①商业经营－通俗读物 Ⅳ. ①F715-49

中国版本图书馆CIP数据核字(2015)第239035号

书　　名　商场持久战
作　　者　周太
责任编辑　何伟华　李石华
出版发行　国家行政学院出版社
　　　　　(北京海淀区长春桥路 6 号　100089)
　　　　　(010)68920640　68929037
　　　　　http://cbs.nsa.gov.cn
经　　销　新华书店
印　　刷　北京毅峰迅捷印刷有限公司
版　　次　2015 年 11 月第 1 版
印　　次　2015 年 11 月第 1 次印刷
开　　本　710mm×1000mm　16 开
印　　张　18.25
字　　数　180 千字
书　　号　ISBN 978-7-5150-1626-9
定　　价　39.80 元

目 录
catalog

第一章

持久战战略要领（一）：以主动赢胜利

一、汉朝如何经过百年持久战打败匈奴

自从毛泽东在《论持久战》中提出“持久战”这一概念后，此战略不仅被广泛应用于军事上，还被应用于经济上。经济发展，更多的是企业之间的竞争。那么何谓持久战呢？持久战即是持续时间较长的作战，相对于速决战而言，有战略的持久战和战役、战斗的持久战。战争中的一方，在敌强己弱的情况下，通常在战略上采用持久战的方针，通过长期的作战，逐步削弱敌人的力量，转劣势为优势，变被动为主动，最后赢得战争的胜利。战役、战斗的持久战，通常是在特定的情况和需要下进行。

如今企业之间的竞争越来越激烈，企业领导人一方面要考虑怎样把自己的企业做强做大，一方面又要考虑怎样和竞争对手对抗。因此，在这个时候采取正确的战略显得尤为重要。

企业之间在敌我实力悬殊的时候，应该采取怎样的策略？中小企业刚刚起步，不能在市场中立刻脱颖而出，该怎么办？在与竞争对手对抗时，稍微略胜一筹，但是对方实力不容轻视，这时，该怎么办？企业双方实力均等，彼此还分不出胜负，处于僵持的时候，该怎么办？打持久战，是能采取的最合适也是最必须的战略。

很多知名企业的成功都不是短期内取得的，而是通过长时间与其他企业的竞争，才慢慢成长、成熟、发展起来的。

天上掉馅饼毕竟是小概率事件，亦或是不可能事件，因此，企业要想成功，就必须付出代价，与其他企业间的竞争是不可避免的。而且，这种竞争是需要时间的，只有在时间的洗礼中，企业双方才能真正了解自己和对方，从而取得决定性的胜利。

持久战不同于速决战、运动战，它更讲究策略。想要打好持久战，首先就必须做好准备，要根据形势知道什么时候该进，什么时候要退。持久战，是必要的，却又是艰难的，这就要求企业能够适时地选择该战略。

企业通常采取的速决战，只是为了取得暂时的胜利，而企业之间，要想在市场上占有一定份额，要想在市场上能够持续经营，就必须采取持久战；唯有打持久战，企业才能取得永久性的胜利。

在中国历史上曾有一段振奋人心、波澜壮阔的战争故事，那就是汉朝和匈奴之间长达一百多年的对决。这场战争中，汉朝由弱到强，运用军事、政治等各种手段，最终打败匈奴，收复边疆。这是一场不得不说的、典型的持久战。

汉朝的胜利，与卫青的英勇、张骞的顽强、班超的果断是分不开的，但是最重要的还是由于历代皇帝采取的正确的战略思想——持久战。在一开始的时候，对于匈奴，汉人在军事上不仅不占优势，且有较大的劣势。那么如何在这种敌我悬殊的情况下取得胜利呢？显然只有打持久战才能稳住敌人，从而最终击败敌人。时机不成熟的时候，要能忍则忍，绝不能心急，“知己知彼，才能百战不殆”，在必要的时候忍辱负重，等到自己的实力足够强大的时候，就要毫不犹豫地果断出手，一击毙命，从而取得决定性的胜利。

汉朝与匈奴之间的战争大体上可以概括为四个阶段。商场如战场，那么汉朝所采用的持久战当然也适用于当今社会企业之间的竞争。其实企业之间的竞争一般也要经历这四个阶段：

第一阶段，试探、准备、缓和阶段。匈奴早在汉朝建立之前就咄咄逼人，到处惹是生非。冒顿利用秦亡汉兴（前206－202年）之间爆发的内战，借机于公元前201年入侵山西省，围其首府太原。汉朝的建立者高帝奔赴太原，驱赶匈奴，反被匈奴围困在平城附近的白登山，即今山西边境的大同地区。后经谈判，方得解围，协议中，汉高祖给予匈奴优惠——把一位中国公主或者是宫女嫁给单于为妻。正如以后的诗人们所吟：可怜的“鹧鸪”嫁给了“野鸟”。和亲似乎已经成了一种“时尚”，是绝大部分皇帝为了免于战争而采取的一种手段，在我们现在看来，它何尝不是为了拖延敌人？使敌人降低防备心而采取的避让、隐忍的明智方针，这也正是持久战的开始。正因为汉朝的这一方针，才能最终反败为胜。

这种和亲政策并没有让匈奴彻底消停下来，他们不停地骚扰汉朝北部边界，这样一直持续了近70年。汉匈之间在西汉立国早期的战争，匈奴在一定形式上占有优势。这时期的匈奴，重创汉王朝军队容易，占领汉地却不可能。因此采取持续的骚扰政策，最大限度地攫取利益，才是匈奴对汉政策的上策。而对于汉帝国来说，汉朝的步兵与战车，在野战中对付匈奴人的机动骑兵是无能为力的，打打不过，追追不上。唯一能做的，只能是据城防御，但是千里边境，匈奴骑兵来去如风，汉朝防守顾此失彼，根本就是疲于奔命。所以忍下一口气，换取一个暂时的和平环境，也就是仅有的选择。“和亲”政策的提出和延续，正是汉匈两民族彼此强弱点相抵消的结果。因此，在西汉立国的早期，汉匈双方虽然经常发生摩擦，却依然能够维护表面的和平，表面的和平下，是实力均衡的天平。看来当时的汉高祖是深谋远虑的，考虑到自己在骑兵方面的缺乏，没有用自己的短处去强碰匈奴的长处。如果采取直接进攻的方式势必会得不偿失，甚至会惨败。在这种优劣悬殊的情况下，只能表面按兵不动，私下招兵买马，等待时机再度出击。所以在商场上扬长避短绝对是持久战的一剂良药！

第二阶段，逐步反攻阶段。汉朝实力逐渐增强，汉武帝开始主动出兵大漠，双方展开了大规模、长时间的持久战。

汉文帝和景帝时期，休养生息政策得以全面、深入地贯彻。到景帝末年，汉朝实力大增，国库里的钱堆积如山。这时汉朝的骑兵也得到大大的改善，家家有马，人人善骑。到了汉武帝时期，百姓生活更加安定，综合国力也大幅度提高。在这样的情况下，汉朝再也按捺不住，70年的耻辱就要血洗，于是，汉武帝不再消极的防御，而是转变为主动出击。

武帝元朔二年（公元前127年），匈奴侵犯上谷、渔阳一线，汉将卫青率领数万人出云中，击杀匈奴数千人，收复河套地区，设朔方等郡，解除了匈奴对长安的直接威胁。这是汉朝对匈奴的第一次进攻。这只是试探匈奴的实力，对匈奴并未造成大的威胁，但是也足以说明，汉朝已经不是先前的汉朝了，逐渐强大的汉朝，足以让匈奴刮目相看。当一个企业渐渐壮大到一定程度之后，也不妨向对手张扬一下自己，向市场证明一下自己，但一定要切记，不能蛮干，要讲求策略，因为还未到大反攻的时候。

第三阶段，大规模进攻阶段。汉武帝（前140年－前87年在位）登基时，中国边境各处正受到匈奴的威胁，正所谓“新官上任三把火”，武帝拟定了一个计划，要彻底解除匈奴对汉室的威胁，使其彻底臣服。张骞出使失败后，卫青以及他的外甥霍去病对匈奴进行了决定性的打击，他们率领汉铁骑十万、步兵数十万，兵分两路，东西并进，横渡大漠。

卫青一路过大漠千里，在今外蒙古中北部与匈奴大单于直属主力部队相遇。经过一番大战，胜负已定，匈奴被斩首1.9万余人，大单于仅率百骑而逃。

霍去病一路乘胜追击，深入匈奴境内两千余里，遇到了匈奴左贤王，一番大战后，斩杀匈奴7万余人。

可见，此时的汉朝在众将齐心协力之下，已经在迈向强大，但是对于匈奴的实力依然不容轻视，在几次战败之后，势必会崛起。这时的他们不再是彪悍的战狼，相反变成了狡猾的毒蛇，表面缩头，在你不注意的时候，就会突然咬你一口。双方的不断强大，就已经决定了这场战争的持久性，战争不会轻易结束。有人可能会说这时的汉朝已经强大，为什么不速战速决，趁胜追击，消灭匈奴？这也正是打持久战需要注意的一点，如果此时不惜一切代价去和匈奴决一死战，也许就中了匈奴的计。企业也是如此，在小露锋芒之后，势必会引起对手的注意，这时，既不要急躁冒进，誓与对手决一雌雄，也不要太畏惧对方。要做好充分的准备，继续壮大自己，以待时机。

第四阶段，彻底的战胜阶段。天汉二年，汉飞将军李广之孙李陵对匈奴发动了一次小规模进攻，以配合李广利的西路作战。但是由于李广利的援军迟迟不至，加之陵军一个叫管敢的军侯叛变而泄密军情，导致李广惨败，此后，匈奴又先后与楼兰国、吐鲁番等一起对抗汉朝。但是令匈奴没有想到的是，匈奴内部也出现了叛徒：匈奴的两位野心家，呼韩邪和郅支，都要求得到单于称号。公元前51年，呼韩邪亲自到长安表示归顺，企图得到宣帝的支持。最终在宣帝的帮助下，他胜利了。被打败的郅支，把蒙古故地留给了那位归顺大汉的呼韩邪，然后向西到今天俄属突厥斯坦去碰碰自己的运气（公元前44年）。但是汉庭没有给郅支巩固地位的时间，因为在公元前36年，汉军副校尉陈汤在一次异常大胆的袭击中直抵楚河畔，袭击郅支，并砍掉了他的头颅（前36年）。在这之后，跟随郅支迁到咸海边的这些匈奴人便消失了。

匈奴被彻底击败，不敢再惹怒汉朝。至此，百年之多的战争结束了。

汉朝的历史也是与匈奴博弈的历史，这期间，汉朝与匈奴的战争有失败，有成功，有和亲，不管是哪一方赢了，任何一方都不会掉以轻心，他们的用意只有一个：要胜利就彻底的胜利。于是，采取持久战成了双方不谋而合的战略。但无论怎么说，从今天的角度来看，汉人坚毅、果敢、雄心勃勃的个性，表现得淋漓尽致。汉匈之间的战争，与其说是在较量孰强孰弱，倒不如说是在竞争。每一方都在为了自己的利益而战斗，这就与如今的商业竞争的宗旨不谋而合了。要想在竞争中取得胜利，毅力是不可缺少的，尤其是双方实力悬殊的情况下，只要劣势的一方能够抓住主动权，采取合适的持久战策略，就可以立于不败之地，甚至可一举击败敌人。打仗不是纸上谈兵那么简单，善于分析具体情境，从中找出主动点，把握战争的节奏，不断积累对自己有利的因素，才能一击成功取得胜利。这就是持久战的要义！

而持久战也不仅仅只是在竞争中处于劣势的一方可以采取的，在力量处于优势的情况下，合理使用持久战策略，也是很有作用的。

电视剧中，经常有这样的剧情，一个大公司和一个小公司打官司，本来大公司是不占理的，但其老总就会采取这样的方法："跟他（即小公司老总）耗下去，这种小公司，只要跟他耗着，他撑不了多久的，到时候我们就自然掌握了主动权。"虽然这只是电视剧里虚构的情节，但这也从某个方面说明了持久战的"功效"。企业或多或少都会遇到类似的案例，如果我们采取"速决战"，势必会对自己不利。在这种情况下，企业要想打胜仗，而又不失地位，唯有打持久战，采取适当的持久战的措施，让对方自己投降，总比拼个头破血流来得轻松。

通过这个典型的持久战案例，我们可以从中学到：

一、在敌我力量悬殊的情况下，不能“拿鸡蛋碰石头”，那样只会自取其辱。唯一能做的就是努力使自己强大，等待时机，寻机“翻身”。

二、在防守阶段，不能坐以待毙，要抓住时机不断给自己注入力量，等到实力足够强大的时候，要主动出击。

三、在实力比对方强大的时候，不要一味地采取旧战略，要懂得创新，要知道在你成长的同时别人也在进步。

只有打持久战，企业才能基业长青。

二、赢得主动是持久战的精髓

主动者，自然会在占有有利资源、扩大市场份额、形成自己品牌、保持忠诚客户等方面形成自己的主动优势。曾经有一句话叫“被动挨打”，由此可见，只有赢得主动，企业才不会挨打。赢得了主动，自己手中的筹码就会比竞争对手多，从而使自己增加自信，为成功做铺垫。

赢得主动是持久战的精髓。从第一节中我们可以看到，汉朝之所以能最终战胜匈奴，就是因为汉朝吸取了这个精髓——赢得主动，在势力不断增强的同时，没有采取只防御的措施而是转为进攻，在多次进攻之后，不仅了解了匈奴的战略方针，而且给匈奴一个“下马威”，使匈奴军心动荡，为最终的胜利打下了良好的基础。只有掌握了主动权，在持久战中才能给对手造成威胁，赢得了主动，在很大程度上就占有了优势。那么赢得主动有哪些优势呢？

当企业选择适当的时机，率先成功地进入某个市场时，就会在某种程度上形成主动优势。

赢得主动到底会使我们占有哪些优势呢？

赢得主动，在很大程度上说明我们拥有了比对方多的资源、力量、权利。

只有利用好了这些优势，企业才能在赢得主动的同时也赢得战绩。同样，有了这些优势，也意味着企业拥有了主动权。利用手中的权力，将其发挥到恰到好处，企业也就成功在即。

赢得主动，企业才能占有优势。掌握了主动权就好比掌握了裁判手中的投票，要想在持久战中取得胜利，不能被动防御，那样，就永远没有翻身的机会。企业要想在市场上占有一定的份额，就不能一味地跟着别人走，那样永远比别人慢一拍。也许，一直跟着别人走可以使自己的企业维持下去，但终究会是败将，永远不能超过竞争对手。想要做强做大自己的企业，就必须“动”，只有掌握了主动权，市场才是属于你的。

宝洁公司创业初期也像大多数企业一样，在市场的激烈竞争中只能维持生计，但是宝洁公司不甘于现状，19世纪80年代，宝洁开发出了一种成本低、质量好的白色香皂，命名为象牙牌，并投入11000美元为其做广告，这在当时是一个惊人之举。宝洁公司敢于创新，在大多数企业看来这是有风险的，但是结果证明，公司的做法是正确的，象牙牌香皂受到广大消费者的欢迎，到1890年，宝洁的年销售额就已达到数百万美元。

但是宝洁公司并没有因取得的成绩而骄傲不前，为提高产品质量和产品工艺，宝洁公司还于1890年在辛辛那提建立了一个分析实验室。自此，宝洁公司的新产品接连不断地诞生。1923年，宝洁尝试采用新的传播媒介——电台广播。公司以Crisco名义赞助全国性的烹调节目，成为首创使用电台广告的公司之一。1926年，宝洁继象牙香皂后又推出Camay香皂，使公司拥有两个存在竞争的品牌。

宝洁公司抓住了时机，掌握了市场，它比同类行业更有远见。宝洁敢于进入别人不曾涉足的领域，也就是说成为这块领域的“大王”，赢得了主动性，因此，在激烈的市场竞争中，才能脱颖而出。

由此，我们可以看出，企业打造自己的强势品牌比单纯的生产产品要难得多，它需要坚持。只有掌握了市场主动权，才能将自己的企业一步步推向高峰。

喜欢看足球比赛的朋友都知道：场上队员的进攻方式，要靠充分利用场地的长度和宽度，反复倒脚，寻找杀机，拉开了空档以后就该迅速前插，把握射门良机，一脚绝杀。连足球运动员都知道赢得主动性的重要性，更何况在当今的商场呢。

企业之间的持久战犹如在赛一场马拉松。如果在起点你就比别人慢一拍，那么在中途想要追上对手是很难的。只有在起点比别人反应快一些，赢得主动，在跑的过程中，才不会那么吃力。俗话说“赢在起点”，在与对手的持久战中，只有赢得了主动，才能轻松超过对手。

持久战是一场耗时、耗人力、耗物力的战争，在这场战争中不仅是看谁的力量大，谁掌握的资源多，谁更有市场环境，更重要的是看谁拥有了主动权，拥有了主动权，才有说话的权力。

就像双方谈判一样，谁拥有了主动权，谁就有资格谈条件，而处于被动的一方就只能对开出的条件表达意见。正所谓“被动挨打”，在谈判中丧失主动权就失去了必要的权力，而在持久战中也是如此，处于被动，只能采取防御，而不能取得大的胜利。

一个企业起步不容易，想要在现在的市场环境下生存更不容易，这就要求企业不仅要有灵敏的嗅觉，还要有敏锐的视觉。市场不可能适应一个企业，也不可能因为一个企业而改变，那么只有企业顺应市场的变化，只有时刻了解市场的动态，并抓住时机，主动进攻新的领域，才能在千变万化的市场环境下生存。商场之间的持久战不在于谁坚持的时间长，而在于谁先发现商机，并能开拓新天地。

北京卷烟厂“中南海”牌香烟，就能敏锐地嗅到市场“香味”，而且主动创新，从而开辟了新市场。

在中国卷烟厂进入群雄逐鹿的时代时，竞争异常激烈，每个企业都在构筑自己的品牌优势，在国内林林总总的香烟品牌中，“中南海”品牌另辟蹊径，成为新一代的市场宠儿。在七八十年代，中国的卷烟市场还是以中高煤焦油烤烟型为主，但是“中南海”企业却果敢地以中草药添加技术为切入点，在北京很多家医院做了临床试验，并以详细的病理数据证明，“中南海”“金健”品牌具有减缓吸烟过程中咳嗽的作用。“中南海”牌卷烟中煤焦油的含量大大降低，本着降低危害的理念，“中南海”卷烟受到广大消费者的青睐，年销售量迅猛增长。在诸多卷烟企业中，为什么“中南海”就能从一开始的“无名小卒”变成“大将”呢？市场上的产品，在许多方面都有质的相同点，但是做到“异”就很难了，只有企业比同行业的竞争对手多了解一下市场行情，敢于做别人不敢尝试的事情，企业才有脱颖而出的可能。

“中南海”企业就是做到了求同存异、敢于创新、敢于做第一个，掌握了市场主动性，才取得了成功。

主动权在一定程度上也代表着自己的实力。赢得主动，就会给对方施加或多或少的压力，首先在心理上就能给对方一个打击，这对于竞争对手来说就像是一个定时炸弹，随时有可能爆发，因此，会使对手焦虑，甚至于畏惧。这样便使竞争对手暂时失去方向感，不知所措，如果此时“趁火打劫”，必定会取得大的胜利。

赢得主动在很多方面都很适用，比如一场激烈的拔河比赛，如果在第一场中就输掉的话，后面就很难挽回局面；相反，如果第一场就取得胜利，那么，不仅给自己增加了信心，同时还赢得了主动权。在持久战中，赢得主动显得更为重要。

那么，丧失了主动权，在持久战中又会有什么劣势呢？首先，如果没能争得主动权，说明自己起码在某个方面存在不足，或者是战略方针方面，或者是综合实力不如对手，又或者是计谋不足，但无论怎么说，丧失了主动权就会让对手看轻自己。汉匈之战的前期，汉朝在骑兵方面不如匈奴，这在很大程度上使汉朝失去了主动权，以至于匈奴不断地进攻，不把汉朝看在眼里。其次，丧失了主动权就是在给对手增加赢自己的机会。对方拥有了主动权，手中的筹码就比自己多很多，不论自己做多充分的准备，也只能被动地防御。

企业之间的竞争或者企业自身的发展都离不开持久战，不论是什么类型的企业，新兴企业、成熟企业、衰退企业，都需要为自己赢得主动。

新兴企业具有相对优势性的特点，这里的相对优势是指，技术创新较之常规活动所具有的多方面积极进取效应实现的可能性。尽管新兴企业存在风险，但同时也使企业面对很多发展的机会。技术创新不仅能给企业带来经济效益，还是企业超前发展的动力。“初生牛犊不怕虎”，这时，如果企业利用自己的相对优势，赢得主动权，那么在以后与同行业竞争者的持久战中就会具有很大的优势。

企业成熟时期也是竞争最激烈的时候，这个时候如果不主动占领市场，就会面临衰退的风险。虽然这个时候，企业的规模以及实力都已经基本定型，但是如果不推陈出新，不赢得主动，就会被新兴的企业取而代之。

雷士照明公司自1998年创立以来，经济效益一直保持高速增长。它通过自主研发体系，开展持续创新运动。无论是亚运会还是世博会，我们都能看到雷士的灯光。经过十几年的摸爬滚打，雷士企业已经走向成熟。2011年，照明市场大环境面临诸多挑战，一大部分中小企业面临艰难境地，甚至倒闭“跑路”。但令人感到欣慰的是，雷士照明受外部环境的影响并不大。雷士表示，“雷士照明在2011年如此不利的环境下，依然保持高幅度的增长。其实取得这样好的成绩是必然的，因为我们早做好了准备”。

雷士在照明行业，一直不断创新，发明了各式的节能灯，这在地球环境面临危机的时候，无疑是个好项目。正是由于敢于创新、善于创新、赢得主动，才得以在2011年别的企业面临困境的时候，雷氏依然风光无限。

衰退企业已经濒临危机关头，或者被收购，或者破产，经过与竞争对手长期的抵抗，元气大伤，但是，如果在这个时候，就只单纯地静观其变或者作为旁观者等待市场形势的变化，却没有意识到衰退期的到来，那么，就只能落得被踢出市场的下场。在危急时刻，企业要想发展下去，要想重现自己的辉煌，就只能采取主动，为自己赢得翻身的机会。

持久战不是指处于被动的位置去长时间地参与战斗，那样最终耗死的不是敌人，反而是自己。所以在持久战中，要时刻记住：必须处于主动的位置，要将战争的节奏把握在自己的手中，虽然在实力上处于劣势，但整个战局却是我们说了算！在这样的前提下去展开持久战，在彼消此长的过程中不断积累实力，等到对方反应过来想要抢回主动的时候，我们已经可以将其毙命了！这才是在主动中的真正意义的持久战！

从主动的优势和劣势中，我们不难看出，赢得主动是持久战的精髓，只有赢得主动，企业才能比竞争对手多一些机会；只有赢得主动，企业才能脱颖而出，创造属于自己的奇迹；只有赢得主动，企业才能永立于不败之地。

三、蓄势待发，打有把握之仗

何谓蓄势待发？《三国演义》中有这样一个典故，蔡瑁写了一句诗：龙岂池中物，乘雷欲上天。然后跑到刘表那去告状，说是刘备所写，欲陷害刘备。可事实却正如他所说，最终刘备成就了一方霸业。蓄势待发，指随时准备进攻。持久战中的蓄势待发，指在双方实力悬殊的条件下，弱的一方不与对手硬碰硬对抗，而是巧妙撤退，暗地里积蓄自己的力量，等待时机，再度还击。

蓄势，并不意味着妥协、投降、畏惧，而是一种巧妙的作战方针，既不代表怯懦，也不是耻辱，而是在深度了解自己实力之后采取的有效措施。在比对手稍逊的时候，没有必要为了争一口气而“拿鸡蛋碰石头”，否则只会自取其辱，让对方更加得意。聪明的人，这个时候会选择适时而退，然后不气馁，调整心态，调整战略，给自己补充更多的“能量”，等待合适的机会，打对手一个措手不及。

说到“蓄势待发”这个词，就不得不提世界上一次著名的撤退奇迹——第二次世界大战中的敦刻尔克大撤退。

从1940年5月10日开始，德军从荷兰至法国全线发起进攻，荷兰投降，盟军处于水深火热之中。早在5月19日，英国就预见到失败已成定局，战时内阁指示海军部制定组织远征军撤退的计划，代号“发电机行动”。26日，英国政府下令执行代号为“发电机”的撤退计划，任命多佛尔港司令B.H.拉姆齐海军上将为撤退行动总指挥。撤退开始后，德军加强地面进攻，并从空中和海上攻击英法运输船队。

6月2日，由于德军飞机的巨大威胁，同时考虑到英国空军已经倾尽所有，为了保存足够的空中力量在以后战争中使用，英军被迫停止了白天的撤退，只利用夜间组织进行。德国空军因此失去了攻击目标，只得改变攻击目标，开始对巴黎进行大规模空袭，对敦刻尔克的攻击将主要由地面部队来完成。

6月4日，德军占领敦刻尔克，4万余名法军被俘。此役，盟军损失惨重，成了英国士兵心中永远的痛。当天9时40分，德军第18集团军所属的装甲部队冲入了敦刻尔克市区，海滩上担负最后的后卫部队约4万法军来不及撤离，全数被俘。当天还有26175名法军官兵撤离敦刻尔克，满载法军的英军“布卡里”号驱逐舰是最后一艘撤离敦刻尔克的船只。

14时23分，拉姆齐宣布“发电机行动”结束。

如果英国远征军主力无法撤回英国，抗击德国入侵的就只剩下童子军了，以后的战争发展也就难以预料，对于英国而言，如此惨重的损失将是无法弥补的。尽管英军失去了大量的装备和军需物资，但保留了一批经过战争考验的官兵。这是一批纪律严明、训练有素、作战英勇的精锐官兵，四年后在诺曼底登陆的英军中，这些人无疑是绝对的中坚骨干力量。敦刻尔克的伟大意义就在于，英国保留了继续坚持战争的最珍贵的有生力量。正如丘吉尔在6月4日向议会报告敦刻尔克撤退时所说："我们挫败了德国消灭远征军的企图，这次撤退将孕育着胜利！"连纳粹德国陆军上将蒂佩尔斯基在战后撰写的《第二次世界大战史》中也满怀敬意地写到："英国人完全有理由为他们完成的事业感到自豪！"

英国远征军的成功撤退及在以后的战争中取得的胜利都证明了"蓄势待发"的益处。

敦刻尔克大撤退对于企业经营具有深刻的借鉴意义。面对激烈的市场竞争，很多企业在发展的过程中，尤其是实力相对比较弱的时候，对手的打压使自己的计划不能按时进行，甚至要置自己于死地，在这种情况下，作为企业领导人，更应该有"能屈能伸"的精神，企业在兴旺时，要把握机会，争取把企业做得更强更大；在企业处于劣势时或者自己的实力在某方面不能与竞争对手对抗时，企业要讲究策略，不能急于求胜。在很多时候，以柔克刚、以退为进都不失为好的办法，千万不要搬起石头砸自己的脚。蓄势只是一个缓冲阶段，是一个过渡阶段，在退的同时，表面上是妥协，事实上，就要对自己的战略方针进行调整，对企业的人力资源进行调整，重要的是找出自己的缺口在哪并及时堵上，使自己不断地强大起来。

蓄势，是为了取得更大的成就而暂时隐退，俗话说"留得青山在，不怕没柴烧。""夫兵形象水，水之形避高而趋下；兵之形，避实而击虚”，古人懂得的生存之道，毛泽东也懂得，“生存第一，发展第二”是他坚持的原则。在秋收起义失败后，毛泽东积极寻求发展之道，以求东山再起。虽然号称红一团，但人马已不足一千，此时的军事行动名为转移，实际上却是“落草”。在井冈山，毛泽东先后收服袁文才、王佐两支部队，落稳了脚跟。后来“28个布尔什维克”、李德以及苏联人嘲笑毛泽东读《水浒》读多了，有“山大王”思想，“山沟里出不了马克思主义”，指的就是这段占山为王的时期。

但是，毛泽东这支“绿林军”与一般的山匪不一样，山匪的经典口号就像是电影《投名状》里喊的：“抢钱，抢粮，抢地盘。”但是，毛泽东在上山之前先进行了队伍整顿，即著名的“三湾改编”，在部队内实行民主制度，官兵平等；建立各级党组织，班排设小组；支部建立在连上，连以上设党代表；一切问题要经党组织集体讨论决定。这样一来，毛泽东便将军队置于党的绝对领导之下，彻底改变了旧式军队的习气和农民式自由散漫的作风。

对于毛泽东来说，“落草”井冈山是一个阶段性的生存策略，是为了先站稳脚跟，生存下来，然后再发展，壮大。这其实就是蓄势待发的过程。

企业进攻容易，但是想要撤退则需要很大的勇气，这需要企业领导人能够清楚地认识自己，认识竞争对手。在持久战中，蓄势待发显得极为重要，持久战有足够的时间可以用来储备“力量”。如果在持久战中，当一方处于明显劣势的时候仍然集中自己仅有的优势进行反抗，那么，结果只会是全军覆没，持久战也就不持久了。

企业要利用时间上的优势，与竞争对手周旋，争取赢得更多的时间用来“蓄势”，要打就打有把握的仗。而且，在自己蓄势的同时，还可以观察竞争对手的战略，以便随时采取应对的措施。当竞争对手处于胜利的时候，往往会掉以轻心，戒备心降低，这个时候，对于蓄势的一方来说是一个机会，只有抓住机会，蓄势待发，打有把握之仗，企业才能翻身。百事可乐在与可口可乐的较量中，就是因为采取了以退为进的策略，才能在对方的手中夺得一部分市场；相反，网景在与微软的竞争中，本身自己力量就不足，还自不量力与之抗衡，结果不但没能在浏览器行业成为“明星”，反而被兼并。

网景公司是一家以网上浏览器为主要产品的高科技公司，成立于1994年。互联网产业的风生水起使网景一路顺畅，创造了另一个“微软神话”，它的成功必然对微软公司造成威胁。但是强大的微软公司不会被这个小公司打垮的，微软利用捆绑于Windows95操作系统的形式推广自己的IE浏览器，同时为了扩大IE的影响力，微软还投入巨资开发IE的互补性产品和服务，其中最重要的就是在线服务，这对网景来说无疑是一次沉重的打击。但是其反抗的态度却令众人不解，面对强大的竞争对手，网景这家小公司不是选择躲避，而是采取了与竞争对手硬碰硬的方针，并且将盟友推向微软一边。在接下来的竞争中，网景节节败退，不管其后期采取怎样的手段来挽回局面，都是徒劳的。到了1998年

11月，网景被美国在线收购了。实际上，网景一开始冒险的做法注定了其失败的结局。

网景的失败，值得中小企业深思，在其与力量强大的对手竞争时，一定要采取以柔克刚的持久战略，避免与竞争对手正面冲突，要蓄势待发，打有把握之仗，才不会落得“人心不足蛇吞象，世事到头螳捕蝉”的下场。

同时，从网景的失败中，我们还可以想到，在与竞争对手周旋的时候，不要总是想着如何反击对手，而是要从自身找原因，不断地使自己强大，而不是像网景一样，将盟友推向敌方，孤军奋战。

四、企业商场持久战的策略

在前面三节都强调了企业之间打持久战的必要性，我们知道，持久战耗时、耗力、耗钱，那么，当我们决定打持久战之前一定要知己知彼，只有这样才能百战不殆。商场如战场，所以，战争中用到的可以实施的策略对于企业来说也有很好的借鉴意义。

企业在商场持久战中有哪些战略呢？

（一）知己——这是打持久战的前提条件

要想在持久战中能耗得下去，必须对自己的产业结构有清楚的认识，换言之，就是要知道自己能不能在持久战中坚持下来。

1．专业化程度。公司将其力量集中于诸如产品链的宽度、目标客户群及所服务的地区市场的程度。

2．品牌知名度。公司寻求品牌知名度，而不是主要依赖价格或其他变量竞争。公司寻求品牌知名度可以通过广告、销售队伍或其他许多方法获得。

3．推动与拉动。公司在销售其产品时，寻求直接在最终用户中建立品牌知名度拉动而不是支持分销渠道推动的程度。

4．渠道的选择。分销渠道的选取，包括公司自有渠道和专门窗口以及一般窗口。

5．产品质量。产品的质量水准，包括在选料、规格、耐久性、时尚性等方面的质量标准。

6．成本状况。即公司在厂房设备、材料采购、平时开支、员工工资等方面所花费的成本。只有了解这些，企业才能控制产品的生产，从而为自己留有足够的资金基础。

7．价格政策。指其在市场中相对价格状况。价格状况通常与其他变量相关联，诸如成本状况及产品质量。然而，价格是必须分别对待的一个突出的战略变量。

8．人力资源分配情况。一个企业的核心力量就是人力资源，在《论持久战》中，毛泽东很重视“兵民是胜利之本”；而蒙牛企业的领袖——牛根生也注重人才是兴业之本，通过“财聚人散，散财聚人”的处事哲学，顾全大局，不计私利，以致于捐献自己的股份奖励有功之臣，这样的行为表率，赢得了一帮雄兵干将的追随，成就了牛根生的事业，成就了蒙牛公司的伟业。

（二）知彼——取得成功的必备条件

1．考察竞争对手的目标。对竞争对手的目标的了解可以预测每位竞争对手对其目前地位和财务状况是否满意，这个竞争对手是否将改变战略以及对外部事件或对其他公司的战略举动作出反应的魄力；对竞争对手目标的了解有助于预测它对战略变化的反应；对竞争对手目标的了解有助于解释竞争对手初步行动的严肃性。

2．考察竞争对手的业务单位目标。包括竞争对手公开表示的与未公开表示的财务目标，竞争对手组织结构如何，竞争对手有何种控制与激励系统，竞争对手的领导阶层有哪些人组成等等，这些都需要企业对竞争对手作大致的了解。

3．对竞争对手的能力进行实事求是的评估。包括核心能力、成长能力、快速反应能力、适应变化的能力，最重要的就是持久力，这是为了打持久战所必须关注的。

4．分清竞争者的种类。竞争者可以分为五种类型，即欲望竞争者、属类竞争者、产品形式竞争者、品种竞争者、品牌竞争者。只有知道竞争对手属于哪一类，才能“对症下药”，找到相应的策略，达到事半功倍的效果。

当然，不论什么战略，都要做到“知己知彼”，但是持久战不同于运动战、阵地战，持久战需要投入更多的精力，不论是人力、物力还是财力。所以深刻了解自己和竞争对手就会做到事半功倍，否则只会事倍功半。

《孙子·谋攻篇》中说：“知己知彼，百战不殆；不知彼而知己，一胜一负；不知彼，不知己，每战必殆。”

孙膑减灶正是知己知彼的典例。庞涓嫉妒孙膑的才能，多次陷害于他，导致孙膑残疾。桂陵之战10多年后，即公元前342年，庞涓又再次率兵进攻韩国，无力抵挡的韩国向齐国求救，孙膑献策答应韩国的请求。孙膑得知庞涓回师都城的禀报，便对田忌说：“魏军一向自恃骁勇，现急于同我军决战。我们要抓住这个心理，诱使他们上当。”用迫兵减灶的方法诱敌深入。终于，庞涓上当了，知自己必败，遂拔剑自杀。齐国大胜。

孙膑能够知己知彼，并运用自己的智谋，巧设战略，遂能取得胜利。

当企业充分地了解了自己和敌人之后，又该采取怎样的战略来打好持久战呢？

（一）开创自己独有的市场，做好打持久战的前期准备

中小规模的企业要想在市场上站稳脚是很难的，一方面面临着企业自身如何做强做大的考验，一方面又要面临行业前三名的龙头老大随时将自己逐出家门的风险，属于不上不下的阶段。此时的企业正处于竞争最激烈的时候，如果一味地跟风只会使自己陷入困境而不能自拔。

在这种对自己极其不利的条件下，如果企业单纯的为了维持生存，一直低头向前的话，即使撞上暗礁还不知道方向错在哪。虽然说船小好调头，但是更多的是陷入困境而不能自救。这个时候就会处于拉锯阶段，和大企业以及同规模企业之间就展开了持久战，企业需要做的就是为自己备好“战粮、马匹”，随时做好打“持久战”的战略准备。如果企业还没有能力改变市场宏观环境，那么只能从自身的微观环境分析，提高自己的内部管理水平，培养一代高素质的企业员工。企业打持久战不仅要靠前线的冲锋战士，后勤部队也极其重要。只有自己练好了内功，才能应付多变的市场环境。

对于中小企业来说，取得利润显得极其重要，因为只有取得了利润，企业才有足够的资本与竞争对手对抗。但是，企业为了

取得利润，切勿不惜一切代价，不要与大企业争夺市场，因为不论是从资金状况还是从规模上都是赢不过对方的，唯一能做的就是另辟蹊径，寻找那些大企业根本不放在眼里的市场。虽然市场小，但是企业在其中可谓是“大鱼”，总比在大市场做一条“小鱼”，时刻担心自己的生命安全要强很多。只要能在自己开创的小市场上做强做大，游刃有余，就为将来到大市场提供了充分的养料。开创自己的市场，也是在蓄势，是为了将来能在持久战中打得漂亮，舞台虽小，只要表演得精彩，一样能赢得掌声。舒马赫曾说过“小即是美”，“小”所代表的灵活与敏锐有时也令许多大老板向往。

（二）抛弃产品导向的经营理念，转向顾客导向、市场导向的观念

企业要想发展、赢得利润，就要学会营销自己的产品，而从现在的市场环境来看，以产品为导向的观念已经不再适用，而要转向市场营销观念，即以消费者和市场为导向的观念。企业要以消费者需求为中心，以协调市场营销策略为手段，通过满足消费者的需求来创造利润。而不再是“生产什么就卖什么”的观念，要不断地顺应消费者的需求，顺应市场的变化，只有这样才能产生品牌效应，才能为自己赢得消费群。众多忠实的顾客和良好的知名度是企业在持久战中能赢得主动权的保护盾。

与“产品营销”相对的还有“观念营销”，即把新的消费理念灌输给消费者，从而使其接受并购买产品的营销行为。

众所周知，打持久战，必须要有充足的粮食、马匹以及士兵，而企业经营所取得的利润、顾客群，还有品牌知名度，则是企业参与持久战所具有的“粮食”“马匹”。因此，这就需要企业有正确的营销观念。

(三)以柔克刚、以退为进、蓄势待发

企业处于劣势的时候，就必须实事求是地认识自己，采取以柔克刚、以退为进的战略方针，只有这样才能蓄势待发，打有把握之仗。这在上一节中已有叙述，在此不再赘述。

（四）要抛弃凭经验和直觉判断市场变化的习惯，建立起科学的快速市场反应机制

发展中企业有一个比较普遍的现象，就是凭经验和直觉去判断市场的变化。对于还没有做大的企业来说，凭着管理者长期的经验积累去感觉市场和把握市场，一般情况下是可行的，但是对于不断壮大的企业来说，这种主观判断的风险性越来越大。这个时候就要求发展中企业的领导人改变策略，借助专业的市场研究力量，开展有针对性的、科学的市场研究，以市场数据来研究消费者新的心理变化趋势和消费行为特点，从而理性地把握市场发展趋势。

在持久战中，中小企业是经不起折腾的，一次错误的市场判断，说不定就能让企业爆发大的危机。

万燕VCD的创始人姜万勐，在1987年创立安徽现代电视技术研究所，后与孙燕生合作成立“万燕”公司，计划生产VCD，这在当时是一个全新的概念。“万燕”公司倾尽所有生产VCD，结果却是生产出几万台，只卖了2万台，基本无利可赚。万燕开创了一个市

场，确立了一个独立的品牌，并形成了一套成型技术，一开始独霸VCD天下。但因财源枯竭，以后只能眼睁睁地看着自己打下的天下被一块一块地瓜分。姜万勐由此成为“自不量力”的人物，他开创了VCD市场，却无力享受其带来的丰厚利润，反而让爱多赚得盆满钵满。由此可见，中小企业需要的不仅是研发的技术，更需要把握进入市场的时机。

如果在持久战中，因为一次错误而延误了战机，就给了对手喘息的机会，造成“先人栽树，后人纳凉”的悲剧。甚至因为这次的错误而导致彻底战败，为了能在持久战中顺利地进行下去，企业要摒弃主观色彩，用科学的、合理的方法去了解市场变化。

（五）市场环境分析战略

对自己、对对手都有了了解之后，那么还要对市场环境有所分析，才能打得游刃有余。市场环境包括宏观环境和微观环境。宏观环境包括经济环境、自然环境、科技环境、政治法律环境等，微观环境就与企业紧密相连，包括企业、供应商、顾客、竞争者、社会公众等。分析市场环境可以运用SWOT分析法，即企业优势、企业劣势、市场机会、市场威胁。

只有对市场环境有所了解，在持久战中，企业才能根据市场的变化来适时调整自己的战略，对竞争对手的市场环境进行分析，就可以知道对手现在在干什么、未来想干什么，从而做到胸有成竹，打有把握之仗。

当然，每个企业的规模不一样，企业内部结构也各不同，这就要求企业有选择地采取相应的策略，以便在与竞争者的持久战中，赢得主动，赢得胜利。

第二章

持久战战略要领（二）：以空间换时间

一、毛泽东持久战理论的现实意义

暂时放弃次要的因素，而保留第一章已经提到的，在与竞争者实力悬殊的时候，要懂得暂时退却，这在战略上称为“以空间换时间”。即暂时放弃自己要进攻的市场领域，为自己赢得更多的时间，招兵买马、蓄势待发。

有人会说“我辛苦打下来的江山，怎么舍得放弃，眼看着肥肉就要到口了，你让我放弃，这怎么可以”。是的，肥肉就要到口了，可是你仅仅是嗅到了它的香味，就算是它在你的嘴边，但是你的嘴疼得厉害，你会为了一块肥肉而愿意在你嘴上的伤口上撒把盐吗？我想，大多数人都会选择放弃这块肥肉，而是等到自己的嘴好之后，吃到更大的肥肉，不是吗？

以空间换时间，也可以广泛地理解成“留得青山在，不怕没柴烧”。毛泽东曾说：“失地存人，人地全得；失人存地，人地全失。”只要自己的根基还在，我们又何必为了一点儿利益而弄得自己前功尽弃呢？拿鸡蛋碰石头纯粹是搬起石头砸自己的脚，我们为什么不能转变思想、舍小而取大呢？放弃即将到来的胜利是为了将来取得更大的成功，这不是一种损失，相反，从某一方面来说，是一种收获。

当今的社会，国内市场国际化、国际市场国内化越来越成为一种趋势，世界500强的跨国企业纷纷登陆并扎根中国，要想在激烈的市场竞争中获得一席之地，就必须有一套正确的战略方针。而要想在与竞争者的持久战中取得胜利，正确的策略显得至关重要。

面对强大的竞争对手，我们该怎么办？

面对有很大发展前景、而我们又没有能力取得的市场时，我们该怎么办？

刚进入市场，自身还存在很多缺陷，为了生存，我们又该怎么办？

对，打持久战！可是具体战略指导方针又是什么呢？以空间换时间。这是能采取的最有效的策略，只有这样，企业才能为自己赢得更多的时间，从而能够在与竞争对手相持阶段不断地发展壮大。

讲到持久战，提到以空间换时间，就不得不提毛泽东的《论持久战》。

毛泽东于1938年5月26日至6月3日在延安抗日战争研究会上演讲，就持久战提出了自己的独特见解。毛泽东在《论持久战》一文中反对“速胜论”与“亡国论”，认为日本是一个强大的帝国主义国家，虽然小但是其军力、经济和政治组织力量是强大的，相反，中国虽然大，但是其各方面的能力是微弱的，面对这样一个强国，在这场决死的战争中，如果没有一定的条件，速胜只存在于头脑之中，客观上是不存在的，只是幻想而已。因此，他指出中国要客观地、全面地估计到一切敌我情况，只有持久战才是争取最后胜利的唯一途径，而速胜论是毫无根据的。毛泽东将持久战分为三个阶段：第一个阶段，是敌之战略进攻、我之战略防御的时期；第二个阶段，是敌之战略保守、我之准备反攻的时期；第三个阶段，是我之战略反攻、敌之战略退却的时期。毛泽东还认为最终胜利的一定是中国。中国所要做的就是与日本打持久战，以空间换时间，最后取得决定性的胜利。

毛泽东的这些清晰而符合现实的判断，得到了周恩来的认同，并将其汇报给白崇禧。白崇禧极其赞赏，认为这是战胜敌人的最高战略方针，后来，白崇禧又把它向蒋介石转述，蒋介石也十分欣赏，并支持白崇禧将其精神归纳为“积小胜为大胜，以空间换时间”，作为抗日战争中的战略指导思想。

在毛泽东的打持久战的战略思想指导下，中国最终将日本赶出了中国领地。所以，在己方实力明显不如对方时，实行以空间换时间是一种十分有效的策略。毛泽东的持久战战略思想，对当今的企业家来说具有很强的借鉴意义。我们的实力不如对方，他们比我们强大，但是再强大的对手也有其致命的弱点，只要我们发扬蚂蚁啃骨头的精神，找准时机发展自我，胜利的光环一定会笼罩在我们身上。

企业经营的关键在于正确把握目标消费者的需求和欲望，并且能够在第一时间用更有效的方法将顾客所期望的产品或服务传送给消费者。企业要想持续经营下去，就必须比竞争对手的反应更快。企业经营的好坏，并不是说谁卖的多，而是在于谁先发现商机，并且及时抓住了时机。正如著名广告专家里斯和屈特在《市场定位：广告攻心战略》中所说的：“要找出市场间隙，必须要能不随波逐流，而要逆向思考，如果大家都朝西，你就试试看朝东是否走得通。”

当自己的企业在现有的领域不能取得乐观的利润时，企业首先要考虑调整战略，如果在新的战略指导下，企业还是不能改变现状，这时，企业就要大胆地放弃现有的资源，转向利润空间更大、市场前景更乐观的领域，而不是在原地打转，停止不前。放弃现在的领域是为了给寻找更有利的机会提供充足的时间，以便自己能够推陈出新，取得另一轮的胜利。

济南域潇房地产开发有限公司成立于1995年，六年时间里，济南域潇从一家名不见经传的中小房企变身为闻名非洲的国际矿商，在莫桑比克拥有7个采矿权、40多个探矿权，成为在莫桑比克矿权最多的中资企业，矿产涵盖了锆钛、焦煤、铁矿、石灰石等，并先后联姻中国水电、海南有色、广西银河等国内强企。济南域潇完成华丽转型的背后是其董事长吴涛“以空间换时间”的经商之道。

吴涛在“投资房产不如投资土地，投资土地不如投资矿产”理论指导下，决定打入矿产行业，但是国内高额的开矿成本使吴涛望而却步。一次偶然的机会让他知道了“以空间换时间”的策略，于是，他大胆地转向非洲矿业。从此，域潇海外买矿迈出了第一步，成为第一个到莫桑比克“淘矿”的中国民企。吴涛放弃了在国内的“空间”，为自己在莫桑比克的发展赢得了宝贵的时间，正是由于吴涛的果敢以及善于发展商机并为之奋斗的精神，才使得他的企业取得了后来的辉煌成就。

并不是每一个人都会像吴涛一样有那样好的机遇，或者说有那样敏锐的“嗅觉”，但是，作为一个企业的领导者，必须要“眼观六路耳听八方”。当自己的企业面临困境的时候，必须要有果断的判断力及很好的决策能力，你的员工都在看着你，甚至是指望你生存下去，因此，企业领导者要担负起重任，采取正确的策略，使企业渡过难关。

毛泽东的《论持久战》告诉我们，与强大的对手抗争，同时也会成就伟大的自己。战争就是一次又一次的冲锋过程，而企业间的竞争就是一次又一次地与高手过招的过程。与“天下第一剑客”过招并不可怕，即使死了，也会成为一座丰碑。

因此，面对强大的竞争对手，我们不能畏惧，我们需要做的是懂得什么时候前进什么时候撤退。唐朝诗人杜牧在《题乌江亭》中写道：“胜败兵家事不期，包羞忍耻是男儿。江东子弟多才俊，卷土重来未可知。”毛泽东非常喜欢这首诗，还经常将这首诗写给别人。毛泽东认为，大丈夫要能屈能伸，因为胜负的转换是循环辩证的，强者未必永远是强者，弱者也未必永远是弱者。

20世纪90年代，中式快餐连锁“红高粱”与西式快餐连锁“麦当劳”的对决就是一例。1995年，乔赢在河南创立了中式快餐连锁品牌“红高粱”。他卖的东西很简单——河南烩面。“红高粱”在几乎没有花任何广告费的情况下，受到全国几乎所有的知名媒体以及包括美国三大有线电视网在内的国外近百家媒体轮番爆炒。一夜之间，乔赢成了一个让世人关注的“新闻人物”，

“红高粱”也成为一个炙手可热的名牌。

一个是具有近百年声誉的知名品牌，一个就像是刚出生8个月的小孩，可是“红高粱”就敢叫板“麦当劳”，最终也取得了伟大的成就。

在与强大的竞争对手竞争时，只要弱小的一方能够找准基点，以空间换时间，不仅能够为自己赢得时间，还能学到对方的优势，最终会在长时间的蓄势中取得成功。

以空间换时间，放弃暂时的“空间”并不是怯懦，而正是大丈夫的表现——能屈能伸。

现在，市场竞争越来越激烈，各大企业如雨后春笋般崛起，企业之间的竞争也在无形中形成了一场持久战。要想在这场持久战中取得胜利，毛泽东的《论持久战》将成为企业家借鉴的“良方”。此外，在前面也提到过，要想占领市场，就要比竞争对手“早下手”。美国著名的战略学家波特教授也曾指出：“最好的战场是那些竞争对手尚未准备充分、尚未适应、竞争力较弱的细分市场。”对方的弱小之处就是我方的进攻要点。所谓弱点，就是指竞争对手在满足该领域消费者需求的时候所采取的手段、方法等离顾客的最高满意度还存在差距，而这些差距就为我们提供了良好的机会，只要我们把握好这个机会，提供比竞争者更好的产品和服务，我们就在一定程度上有力地打击了竞争者的弱点，那么，该市场也就成了我们的目标市场。

企业暂时的弱小并不可怕，可怕的是自己认识不到自己的缺点，或者认识到自己的缺点之后还不知道改正，一味地采取旧策略。与强大的竞争者对抗，要避免正面的冲突，巧妙地以空间换时间，赢得时间就是赢得成功的机会。

企业为避免在市场上与强大的竞争对手发生正面冲突，可以选择由于各种原因被强大企业轻忽的小块市场(称为“利基市场”或“补缺市场”)作为其专门的服务对象，对该市场的各种实际需求全力予以满足，以达到牢固地占领该市场的营销策略。由于网络广告定位的准确度提高了，利基营销通过网络手段可大有作为。在我们所选择的市场中，要有聚焦化的内容、小众化的范围、独特的目标受众。只有这样，我们才能赢。

利基大王“维珍”，就是采用了利基营销，从而取得成功的。维珍集团的董事长、总裁，世界最富传奇色彩的明星亿万富翁——理查德·布兰森，从1970年到现在，使维珍集团成为英国最大的私人企业，旗下拥有200多家大小公司，涉及航空、金融、铁路、唱片、婚纱直至避孕套，俨然半个国民生产部门。理查德·布兰森看到了空白市场的潜在发展前景，维珍提供给目标顾客的是那些老大们没有想到，或者是不愿意去做的市场。这样的市场，通常都是一个空白，但也有着惊人的消费群，一旦企业能够最先进入这样的隐蔽的空白市场，并以优质的产品或服务满足其消费群体的需求，就会受到大批消费者的欢迎，为企业创造价值。

维珍的胜利再一次验证了毛泽东的《论持久战》的可借鉴性。机会是靠自己创造的，每个想成功的弱小企业家，认真地读完毛泽东的《论持久战》吧，去认真地思考其中所运用的策略及毛泽东独特的见解，并将其运用到企业的经营与竞争之中，相信你的企业会变得更加强大。

二、持久化战略造就的“沃尔玛神话”

对于企业的发展、经营，如果一味地寄希望于一夜成名、一举进入世界500强，是不现实的，也是不可取的。企业要想做强、做大，要想在市场上立于不败之地，在日常活动中就必须脚踏实地，一步一个脚印。在日趋激烈的市场竞争中，只有持续发展才是硬道理。

换句话说就是，企业要想基业长青，就必须耐得住“寂寞”，这里的寂寞不是指不与别的企业联系，而是指企业自身不要一味地跟风。看着别的企业强大了，自己的眼就“红”了，就一心想着如何赶上甚至超过别人，采取一些“救急”的策略，这种做法的结果往往是如昙花一现。当然，心里想要超过别人，这是人之常情，无可厚非，但是我们要耐得住性子，我们得把自己的“地基”夯结实了，没有牢固的地基，一座房子再漂亮，终是寿命不长。

综上所述，企业要想打造“百年老店”，就要善于在“熬”字上做文章。

首先，企业要争取“活”下去，即要解决生存权。如果一个企业连最起码的生存问题都解决不了，还谈什么以后的发展大计，更谈不上和别的企业竞争。毛泽东说过“身体是革命的本钱”，而企业如果能生存下来，就相当于有了一个“好身体”，这样，在以后的持久战中，才会有基本的保证。

铸就“环球商业神话”的美国沃尔玛零售连锁集团的创始人山姆·沃尔顿就很注重企业的生存。

山姆·沃尔顿遇事善于分析思考，并且做事小心谨慎。由于资金少，他只能从点滴做起，一步步地开拓自己的事业。1955年，他在本顿维尔开了一家小店，随着生意一天天好转，他手中的利润也越来越多。三年之后，有了一定周转资金的他决定开始经营连锁零售店。朋友建议他在附近的几个城市都各开一家连锁店，这样就会扩大影响。但是，山姆·沃尔顿却不这样认为，他觉得自己资金少，必须从小做起，要保证开一家成功一家，再一步步将自己的事业推向更广阔的空间。

正是由于山姆·沃尔顿注重企业的生存之道，采取渐进策略，稳步拓展，沃尔玛才能逐步走向强大。

其次，要能“坚持”，即前面说过的耐得住“寂寞”。市场环境不好时，要坚持，不能泄气更不能放弃，不要为了一城一池而计较不止；市场环境好时，要坚持，不能心存侥幸，要客观公正地评估自己的实力，不要轻易高估自己的实力，做出错误的决定。

20世纪90年代，美国零售连锁业却被猝不及防的“大地震”震得七零八落——有着145年历史的G. Fox百货公司破产倒闭；著名的西尔斯百货公司被迫卖掉了一度为世界第一高楼的西尔斯塔……沃尔玛也未能幸免，1995年财政年度第四季度适逢创建以来的第100个季度，销售额直线下降，股票价格从1980年上市以来第一次跌破每股10美元大关，市场资本价值猛降为500亿美元。

面对这样险峻的市场环境，沃尔顿没有选择放弃，而是任命李·斯格特为采购部执行总裁。一经上任，李·斯格特就有的放矢地推出了几项计划。在他的领导下，沃尔玛度过了危机，重新步入持续发展的轨道。

总之，企业要想在市场上立足，总会面临许多的荆棘。

企业经营过程中的扎扎实实和坚持，就决定了企业的发展历程必定是一场持久战。

在持久战中，企业更要注重细节，时刻想着为持久战打下坚实的根基。

企业家做企业，要大处着眼，小处着手。企业家的战略是从一线来再到一线去。企业家要提前潜心调查研究、深入一线伏倒身子去解决那些棘手难缠之事，平心静气地把大战略分解为一个一个的细节和方法，最后再将其上升为一种可以复制的模式，最后成就伟大企业。持久战的成功往往就决定在细节上。

在充分竞争的饮品行业中，杭州娃哈哈集团董事长兼总经理宗庆后之所以能“水淹七军后突出重围”，甚至成为中国超级富豪，取决于他在干小事。一年里他有260天深入市场一线，解决市场中的小事。不仅是宗庆后，多数企业家搞经营一般也不会发生什么惊天地泣鬼神的大事，似乎一切都在意料之中，甚至是按部就班，奥妙就在于他们把大事分解为小事，然后据此制订执行方案。其实，做好小事也就成就了大事。

有一句古话：一屋不扫，何以扫天下？这句话就告诉我们，不论是做企业还是做生意，都要注重小事带给我们的利益，很多将要成功的人士往往就输在小事上。

中国人的本性是“能好做大事，不爱做小事”。比如两弹一星、神舟飞船等全球领先的项目，弹指一挥间我们就比肩欧美傲视日韩了。可是市场经济发展了30年，中国已成为全球第二大经济体，但在做螺钉与扳手这样的小事上，中国企业基本上没有与国外企业竞争的实力。原因就在于国人好高骛远的本性。

没错，企业家就是在“干小事”，从小事干起，把小事长期干好，是企业成功的不二法则。知名企业家冯伦说过一句名言“伟大是熬出来的”，把这句话换成多数管理者的说法就是，选择前要慎重，选择后要坚持。除了坚持，更重要的是把小事做好，把身边的问题解决好。其实中国企业成功的要领不在技术，也不在品牌，拼的是执行能力，也就是把小事做好的能力。

中国家电第一品牌海尔，“中国徒弟打败了洋师父”，最初，海尔的技术并不领先于外国，品牌也不太强大，还经常会出点儿质量问题，可是海尔坏得快修得更快，而且修的时候服务态度很好。服务这件小事，本是一件没多少技术含量的事，居然造就了中国家电第一品牌，甚至伴它走上了全球化之路。

为什么我不能成功？为什么我怎么也赶不上大企业？为什么我的付出没有回报？

这是很多小企业家、小老板们普遍有的疑惑。

原因就在于他们一心想把企业做大做强，胆子大，步子快，在没有做大做强的资源和实力的情况下，就想到了以巧取胜。小老板认为中国消费市场不成熟，消费者容易被忽悠，“不忽悠白不忽悠”，先把消费者口袋中的钱掏出来再说。殊不知，他们这样做的后果就是失去了消费者群，导致自己的产品没人买，他们一味地追求立竿见影，却没有想到他们要打的是一场持久战。小老板必须活在当下，考虑的是今天用什么去赚钱，明天用什么去赚钱。

由于穷久了、穷怕了，于是国家鼓励少数人先富起来。传统的价值观受到猛烈冲击，整个社会物欲横飞，一些人一切向钱看，灵魂被淹没在金钱化的海洋之中，甚至用人格尊严来换取，对金钱产生崇拜。在物化的社会里，成功被简单直接地定义为赚钱。于是，有些企业家为了赚钱，不惜一切代价，他们一味地追求利润最大化。是的，这在本质上并没有错，可是他们忘了，他们还不成熟，根本没有资本投入到市场中，他们不知道采用持久战略，更不想采用，所以急功近利的结果只能是失败。

为什么要说这么多关于从小事做起的好处呢？那是因为要想打好持久战就必须着眼于现实、立足于当下，从一点一滴开始做起。细节决定成败。多少知名企业就输在这细节上面，不论我们做什么事情，都不能急于求成，脚踏实地，做好我们应该做而且必须要做的事情，那就是，从小事做起。

沃尔玛坚信“顾客第一”，这是其成功的精髓。山姆·沃尔顿说："我们的老板只有一个，那就是我们的顾客。"沃尔玛的营业场所总是醒目地写着："第一条：顾客永远是对的；第二条：如有疑问，请参照第一条。"用李·斯格特的话来说就是——我们以友善、热情对待顾客，就像在家中招待客人一样，让他们感受到我们无时无刻不在关心他们的需要。沃尔玛这种服务顾客的观念并非只是一句口号，而是落实到实际行动中去的。当任何一位顾客距营业员三米的时候，营业员都必须面向顾客，面露微笑，主动打招呼。正是这事事以顾客为先的点点滴滴为沃尔玛赢得了顾客的好感和信赖。

做小事有时候甚至比做大事更难，很少有哪个企业能像沃尔玛一样注重细节，即便是售后服务。

有很多人会认为我一步一步地往前走，可是别人却疾步往前，那我和别人的距离不是越来越远吗？我什么时候才能赶上别人呢？那请问，如果你没有一定的基础，没有一定的消费者群，没有一定的实力，甚至没有一定的资金，你拿什么谈竞争？你甚至连最基本的生存都难解决。虽然，你比别人慢一些，但是你的根基比别人坚固，你以空间换时间，为自己赢得更多发展的机会。这就像是在盖房子，两所房子同时起步，但是其中一所在打地基的时候草草了事，为的是抓紧时间完工，在很短的时间里就竣工了；但是另外一所呢，在打地基上花了很多时间，他们不比速度只比质量。结果呢，来了一次地震，最先盖好的房子也最先倒下了，这就是传说的"豆腐渣工程"。这个小小的引例只是为了说明急于求成是难以成功的。

企业的发展历程是艰难的，企业要想做强做大更是难上加难。我想，没有哪个企业愿意做昙花，企业家们所想的就是如何让自己的企业更加强大，在市场上立于不败之地。企业强大的过程必定是一场持久战。要想打好这场持久战，就必须不断地为自己积蓄能量。一步一步地慢慢地发展，从小事做起，一点一滴积累自己的力量，只有这样，经过时间的洗礼，企业才能褪去青涩换来成熟。有这样一则寓言故事：

农夫在地里同时种了两棵一样大小的树苗。第一棵树拼命地从地下吸收养料，储备起来，滋润每一个枝干，积蓄力量，默默地盘算着怎样完善自身，向上生长；另一棵树也拼命地从地下吸收养料，凝聚起来，但早早地就开始盘算着开花结果。

第二年春，第一棵树突出了嫩芽，憋着劲向上长。另一棵树刚吐出嫩叶，就迫不及待地挤出花蕾。第一棵树目标明确，很快就长得身体茁壮，而另一棵树每年都要开花结果。刚开始，这着实让农夫惊喜万分，对它宠爱有加，但由于这棵树还未成熟就承担了开花结果的重任，很快便累弯了腰。最后由于这棵树体弱多病，结的果实越来越酸涩难吃。

时光飞逝，终于有一天，那棵久不开花的壮树轻松地吐出花蕾，由于养分充足，最终结出了又大又甜的果实。而此时那棵急于开花结果的树却成了枯木。

这则寓言说明：有时不急于表现自己的企业恰恰是最富有竞争力、生命力最强、最有前途的企业。因此，企业要想做强做大，就不能急于表现自己，厚积薄发，才能水到渠成。

三代CEO、历经42载的上下求索，使沃尔玛在2002年、2003年、2004年连续荣登《财富》“全球500强”之首，同时铸就了“环球商业神话”。沃尔玛的成功，是在不断改进中取得的。沃尔玛是一步一步走向成功的，它的成功也是一种必然，因为它采用了持久战，它更知道打持久战所需具备的是什么——那就是，脚踏实地，从小事做起。

想像沃尔玛一样强大吗？

想进入世界500强吗？

想让自己的企业发展壮大吗？

那就像沃尔玛学习吧，学习它的坚持，学习它的耐力，将持久战进行到底。任何的一项成功都不是偶然，而是一种必然，是在经过一番努力，一番付出之后的必然。比别人慢不要紧，关键是要比别人有效果。

持久战造就了沃尔玛的神话，也必定会造就你的神话，还在等什么呢？

三、基业长青的关键是持久战略

从沃尔玛的成功中，我们应该可以看出企业要想基业长青，关键就是要采取持久战略。有的人会说，不能以偏概全，沃尔玛一个企业的成功，不能从本质上说明企业采取持久战略就能基业长青，那么，我们就看一下不采取持久战略会带来什么样的结果。

改革开放之初是中国企业大发展的时期，但这一时期企业的主要任务是完成原始积累，投机性很强，什么赚钱快就做什么，企业家满脑子想的就是如何赚钱，根本没有什么战略可言，他们只追求短期利益，而忽视长期利益。当然这也是由于当时中国正在由计划经济向市场经济、商品经济转变，法制尚不健全，于是，巨大的暴利空间就成了当时的商人追逐的目标。许多企业曾经一度混水摸鱼、侥幸投机，当然也暂时得到了他们想要的。因此，中国很多企业曾经一度投机取巧、打擦边球，这被许多企业家奉为战无不胜的“锋利武器”。

在市场经济体制不完善、秩序不规范的时期，这样的手法确实有许多成功的例子。中国一时也确实涌现出不少“冠军企业”，比如“巨人集团”、比如“秦池”，它们曾经红极一时，广为人知。

但靠取巧生存的企业，注定也是失败的企业。因为，在众多的企业中，赢家毕竟是少数，而且是建立在大多数企业暴亏基础之上的。即使它们暂时性的赢了，也仅仅能持续几年甚至几个月，它们是成名也匆匆，倒下也匆匆。

一心只想着投机取巧，而不是想着怎样把企业做强做大，换句话说就是只想着眼前利益而不考虑长远利益，这样的企业注定不能成为“百年老店”。因为只想赚一笔就溜的经营者，就像是在趁火打劫，他们根本不可能将市场做大，更不可能使基业长青。

爱多集团曾经是高科技产品市场的宠儿，他快速地发展、壮大，在市场中叱咤风云。1997年，爱多VCD的销售额猛升至16亿元，其品牌认知率在城市中已高达90%以上，在这种情况下，爱多应该将有限的资源用于稳固基础，拓宽融资渠道，加强内部管理。但是，爱多没有这么做，而是着力于提升知名度，因此，爱多与实力雄厚的新科公司展开了市场之争，最终由于资金周转困难而失败。导致现在我们看不到爱多的身影。

翻开爱多公司的历史，我们感觉：从崛起到覆亡的4年里，爱多公司没有一个完整持久的发展战略。爱多与其说是一个企业，倒不如说是一个“战斗突击队”。

爱多的失败大致可归于一个原因：经营者盲目地追求把品牌

做大，完全不考虑自己有什么、市场需要什么，在没有稳守住自己根据地的前提下，就超速发展，想要建立霸王企业，其结果也只能是导致自己的品牌走下历史舞台。

可以说，一夜暴富的投机性、股市泡沫、商品市场的投机、广告宣传的投机是近年来中国企业家失败的一个重要原因。不少企业，国有也好，民营也罢，好不过十年似乎成了一个规律。他们一心想着进入世界500强，却不朝这方面作出切实的努力，他们没有长期的计划，仅仅看重眼前的利益，因此，最终导致了企业的“短寿”。

最近几年关于企业“短寿”现象一度成了热门话题，大家各抒己见，想出很多解决的办法。有的提出文化制胜说；有的提出人才制胜说；有的提出品牌制胜说；有的提出战略制胜说。我们提倡战略制胜说，因为“人无远虑，必有近忧”，解决好战略问题不仅能使企业生存下去，还能使企业腾飞。没有既切实可行，又能鼓舞、激励人心的高瞻远瞩的战略，企业就不可能做大做强。

那么，企业想要基业长青，想要做强做大，要采取什么战略呢？持久战略。企业只有采用了持久战略，才不会像昙花一样，才会开得更艳更久。采用持久战略，就要求企业不能投机取巧，更不能被当下的利益冲昏头脑，否则只能落得“短寿”的下场。

企业的成立如同婴儿的出生，随着时间的推移，婴儿要从幼年到少年到青年再到成年最后到老年。这其中的每一个过程都是必不可少的，企业也是一样的。成长是一个企业必经的过程，在这个过程中，企业需要根据自己所处的环境，不断地学习、改革、进步，不断地优化企业结构，不断地改变自己的战略，从而适应环境的多变。这个过程中，如果过分地追求成长的速度，无异于拔苗助长。一个企业不可能不经历过程就能基业长青，就如同一个婴儿不可能一步进入老年一样。只有一步步地向前迈，才能走得稳，稳中有快，这才是企业长久的关键。

基业长青的关键是持久战略，那么，企业应该为持久战略做点儿什么呢？

首先，要为企业制订一个长期的计划。企业的计划即企业的目的。目的是公司除了赚钱之外存在的根本原因。目的不必独一无二，两家公司很有可能拥有很相似的目的，就像两家公司很有可能都坚信诚实之类的价值一样。目的的主要作用是指引和激励，有了目的，就相当于有了方向盘，要像惠普公司一样，利用电子器材促成科学进步、增进人类的福祉、对社会做出贡献。问题是他们是否能像惠普一样深信这一点，并且始终遵循不渝？目的如果经过适当的构思，可以成为基础广泛、根本而长盛不衰的东西。良好的目的应该用来长年指导和激励组织——说不定可以长达一世纪以上。有了计划，企业才能将持久战略执行下去，这是持久战略的丰碑。

其次，提高企业战略实施能力，即强化自己的核心竞争力。企业要想在市场中站住脚跟，就必须努力打造和强化自己的核心竞争力。企业做大靠战略，做强要靠核心竞争力。要想二者兼得，就得靠战略实施能力了。一个企业在决定实施何种战略行动时，就必须考虑自己的核心竞争力，这样才能拥有竞争优势。

如果一个企业缺少核心竞争力，就只能处于被动状态，“被动挨打”，所以企业只能给别人打工。当然，核心竞争力也会随着市场环境的变化而变化，这就要求企业不断地学习，不断地强化自己的核心竞争力。强化自己的核心竞争力，首先要弄清自己的核心价值，核心价值是组织长盛不衰的根本信条，不能为了财务利益或短期权益而自毁立场。

凯马特公司的失败就是由于缺乏核心竞争力。

凯马特公司从1962年进入折扣店百货业后，就迅猛扩张，至20世纪80年代中期一度成为行业巨头。但1985年之后的凯马特却因战略实施不当或行动迟缓，以致在激烈的竞争中陷入破产境地。

多年来，凯马特始终未能建立起低成本、高效率的运作体系，表现为：①商店布局无合理规划；②价值链管理各环节脱节；③泛多元经营造成经历分散。散漫的管理使得凯马特缺少核心竞争力，这在市场竞争激烈、高手云集的时代，无疑是一个致命点。

再次，吸取滚雪球效应的精髓，使企业如日中天。近年来，随着中国市场经济的不断发育成熟，人们对一个概念越来越重视，这就是“马太效应”，即富者更加富有，穷者更加贫穷。实际上，在企业经营中，也存在着“马太效应”：在一定的市场条件下，某种技术或产品的优势或劣势一旦形成并达到一定程度，就会导致其不断自行强化，也就是说，强者越强，弱者越弱。它反映了影响市场的人类行为因素，体现为滚雪球效应。如果企业经营者能真正把握滚雪球效应和马太效应的精髓，并将这些精髓灌入到自己企业的“血管”中，使其在企业中正常地流淌，企业就能蒸蒸日上，如日中天。

“狂人”马云所领导的阿里巴巴网站就是利用了滚雪球效应——从1999年以50万元人民币创业到2005年，短短7个年头，阿里巴巴成功地以一家并未上市公司40%的股权为代价，换来10亿美元以及雅虎中国全部资产。

这一“奇迹”的出现并不仅仅因为马云和他的“阿里巴巴”具有特别的过人之处，而是因为他们提前进入了目标市场，并且通过滚雪球效应，用几何级数的增量将市场抢先蚕食掉了。

阿里巴巴通过提供免费服务来滚雪球，它的盈利模式是通过大规模吸收会员，实现“人头经济”。从最初寥寥无几的从事电子商务的企业开始滚起，马云的雪球越滚越大，目前国内绝大多数开展电子商务的企业都成了阿里巴巴的客户，其服务的中国企业会员已超过了350万。

最后，由于每个行业都有一些小企业，因此，针对小企业，就要采取企业发展的“利基”战略。利基就是在市场中占有较小份额的企业通过灵活巧妙地专注市场上那些被大企业所忽略的某些部分，并利用专业化经营，使企业取得较大利润。

小企业只有见缝插针，才能在夹缝中生存和发展。小企业只有在这些细分市场中做大做强了，才有能力与大企业进一步竞争，才能使企业一步步地走向强大，从而实现可持续发展。

企业只有具备了以上能力，才能从根本上解决企业存在的问题，并为企业源源不断地注入新的“能量”，使企业充满活力，为企业的发展打好坚实的基础，从而使企业不断地壮大，壮大，再壮大。企业只有有了一定的资本，且生产、销售各方面的能力都有了提高，才能打好持久战，从而离创立“百年老店”的目标也就近了很多。

幸运之神偏爱持之以恒的人。这是简单的真理，是成功构建公司的基石。

经营者都想让自己的企业能够百年不倒，但却缺少持之以恒的决心，这就好比一个空瓶子，虽然外观漂亮，却不能装东西，它只能当装饰，却不能有实际的意义。空有理念是做不成大事的，经营者需要将理念付诸于行动，只有这样，经营者才能将自己的企业管理好，并将其推上可持续发展的道路。

广东中山市的“威力”洗衣机曾经闻名一时，获得过许多“全国第一”，但是它却没有将这些“第一”持续下去，最终反而被收购。“威力”诞生的年代，是一个商品极度短缺的年代，许多商品都是处于供不应求的状态。中山威力集团公司总经理许继海凭借他的胆气，把“威力”做成全国的行业龙头，的确是功不可没。但是许继海没有看到，像洗衣机这样的家电产品，其更新速度是非常快的，他为“威力”做了一个壳，却没有坚持改革创新，一定程度上说明他没有恒心，如果再坚持推陈出新，说不定“威力”就有另一个结局。

看来，要想将企业持续经营下去，还要有“还不够好的思想”，马利奥特的董事长小马利奥特在1987年曾经说过，“大家总是对家父说：‘啧，啧，你真是成就惊人，现在你可以休息了。’他一定会回答说：‘噢，不行。还得继续做下去，还要做得更好。’”企业经营者就要有这种心态，才不至于只看到眼前利益而停止不前。

建立持久化公司的关键问题不是“我们做得有多好”或“我们怎么样才能做得很好”，也不是“我们要有多好的表现才能应付竞争”。对这些公司而言，最重要的问题是：“我们明天怎样做得比今天更好？”我们只有把这个问题看做生活方式，变成思想和行动的习惯。在这些习惯的支撑下，我们一点点的积累自己的力量，一点点的进步，最后才能屹立于市场而百年不老。

基业长青，百年不倒，是多少企业家梦寐以求的啊。然而在变化多端的市场环境下，很多企业家迷惘、困惑，甚至被蒙蔽了双眼，他们不知道该怎么办，不知道该怎样做才能长久地生存下去，如果你也面临同样的问题那为什么不试试持久战略呢？也许你会有“柳暗花明又一村”的感叹。

持久战略将那些还在十字路口徘徊的企业家们推入正确的道路。

持久战略帮那些面临危机的企业渡过难关，重振雄威。

持久战略助那些还不成熟的企业走向成熟，走向强大。

四、用品牌夯实企业持久的地基

消费者靠什么记住一个企业？

企业又拿什么吸引忠实的顾客？

一个企业靠什么区别于另一个企业？

品牌！对，品牌就是一个企业的标志。品牌又称厂牌，是生产者或销售者为其产品所规定的商业名称。品牌是一个包括许多名称的总名词，它包括品牌名称、品牌标志和商标。那么，品牌有哪些主要作用呢？

1. 品牌是整体产品的一部分，因此，品牌有助于在市场上创造产品形象，成为新产品投入市场的重要媒介，有助于产品组合的扩张。

2. 提高产品的知名度对定价有利。品牌已成为产品差异化的一种手段，知名品牌的产品比无品牌产品的价格弹性小。

3. 就消费者购买而言，品牌是商品来源的主要标记，是消费者购买商品的主要识别手段。市场上的商品有了品牌，消费者就容易辨认所购买的商品，消费者倾向于以品牌的声誉来判断产品的质量。

4. 品牌具有辨识作用，有助于增加产品的市场份额，知名品牌的产品容易渗透到各种经营渠道。品牌建设的必要性，似乎已经是类似公理的存在，使得我们必须反复申明品牌之于我们，意味着什么，为什么要做，然后才是如何做。虽然看似八股，但清晰的前景描绘的确是能对接下来的工作有所激励。

品牌是一种名称、术语、标记、符号或图案，或是他们的相互组合，用以识别某个消费者或某群消费者的产品或服务，并使之与竞争对手的产品或服务相区别。这是来自菲利普·科特勒的定义。对于品牌本身的界定，并无过多争议。当我们从结果的角度阐述品牌可以带来收益时，品牌资产这个概念应该给予更多的关注。

现在的时代已不像以前，以前人们买东西，从来不看牌子，不管是什么牌子的，只要东西能用、能吃、能穿就行，可是随着产品的日益丰富化和市场竞争的日趋激烈化，人们越来越多地关注一个产品的牌子了。消费者买东西认名牌，已经成为当今时代的一种普遍心理。据国家统计局近年对居民消费与市场品牌的调查表明：无论是居民日用消费品市场还是耐用消费品市场，前十品牌的占有率之和大概在70%至80%左右。

企业之间的竞争渐渐地转变为品牌之间的竞争，企业经营主要以品牌打天下，品牌是企业的灵魂。现在是信息化的时代，也是高科技的时代，从事同一产品或服务的企业很多，然而，由于每个企业的水平不同，生产能力不同，因此，有的企业生产出来的产品质量好，有的企业生产出来的产品质量不好，这时，一个企业的品牌就显得很重要，良好的口碑能为企业赢得众多的“回头客”，这样，随着时间的推移，企业的品牌就有了一定的知名度，企业的形象也在消费者心中占有一定地位。

从品牌的作用我们也可以看出，品牌成了一种质量、信誉的象征，品牌这个符号不仅仅说明产品是谁生产或谁拥有，更表示是高质量的、可靠的以及某种个性、地位等等。

巧妙地运用品牌战略，不仅能够为企业赢得声誉，还能使企业拥有大量的资本，那就是忠实的顾客。品牌，不仅对企业有用，对于一个地方，一个旅游景点都有很大的促进作用。

青岛，提起这个名字，我想大家眼前都会浮现一个环境怡人的画面，然而，青岛的出名不仅是因为它的环境，还有一个重要的原因，那就是啤酒节。青岛的国际啤酒节无人不知、无人不晓。从1991年开始到现在，青岛的国际啤酒节已经举办了16届，每年8月的第二个星期六举行，吸引全世界的啤酒厂家和游客参加。位于崂山区的青岛啤酒城占地35公顷，是青岛啤酒节的主要活动场地。毫无疑问，青岛政府是把青岛啤酒节做成了一个以啤酒为文化主题的城市公关项目。在青岛啤酒节的品牌打响之后，国内各大城市纷纷效仿，一时之间，哈尔滨、宁波、大连、天津、重庆、成都都做起了自己的啤酒节。

青岛绝对有资格被称为“品牌之都”。品牌，是青岛的百年命脉，是青岛闻名于世的支柱。

由此可见，企业要想基业长青，就需要用品牌来为其打基础。对于消费者而言：它是产品积累长期忠诚客户的基础。

首先，一个好的品牌，会给消费者留下深刻的印象，一旦消费者对某一企业的品牌有了青睐，只要该企业没有太大的变故或者信用问题，在短时间内消费者是很难转向其他品牌的。

这就和我们去面试差不多，我们一再强调第一印象的重要性，无非是希望能和面试官有够多的接触时间，以使面试官更加了解我们，从而看重我们。试想，一个给人第一印象就不好的面试者，有多少考官愿意在他身上多浪费时间。

企业有一个好的品牌，就是为自己赢得更多与消费者接触的时间，企业就能利用这个时间，抓住消费者的心理，从而进一步吸引消费者购买其产品。

其次，消费者信任了某个品牌，在短时间里，这群消费者就是企业的忠实顾客，而且，他们也将成为企业的回头客，由于对品牌的信任，他们愿意再次光顾。

不管别人如何，从我们自身分析，当我们喜欢上了某个品牌后，我们需要买同类产品时，就会毫不犹豫地想起自己一贯信赖的品牌，从而，会再次光顾该品牌。企业就要抓住机会，稍微给予顾客一点优惠，比如会员卡打折、配套赠送小礼品等，他们就会很容易成为企业永远的忠实顾客。

再次，消费者对企业品牌下的某种产品感兴趣，进而也会关注企业的其他产品，由于对该品牌的信任，从而延伸到信任其他产品，如果对其加以引导，比如大力宣传其他产品的好处，这样就保证了消费者购买本企业产品的多样化。

对竞争者而言，消费者一旦信任了本企业的产品，就会对其他企业的品牌视而不见，也就是说，消费者根本不关心其他企业的产品。甚至对其他品牌产生不信任、排斥的心理。

不仅如此，忠实的消费者还是企业免费的“广告”，由于对企业品牌的信赖与喜欢，他们会不自觉或者是有意地向身边的朋友推荐该品牌，这样，企业在无意间就增加了自己的消费者，而企业本身却无需做什么努力，唯一要做的就是用品牌吸引更多的消费者。

诺基亚品牌手机的成功正是因为品牌的功效。在全球9.3亿用户中，有3亿人选择了诺基亚，据诺基亚公司的调查显示，超过80%的用户在替换手机时仍选择诺基亚品牌。消费者对于诺基亚的品牌忠诚度大大超过了诺基亚的竞争对手。这从表面上看是因为诺基亚手机产品的品质、设计和不断创新吸引了消费者，但本质上则归结于诺基亚品牌背后所融入的企业文化：消费者满意、尊重个人、成就感和持续学习。这4种价值取向在移动电话品牌的定位、产品开发理念和个性表现方面被诺基亚演绎得淋漓尽致。这也是诺基亚品牌成功的根本原因。因为在产品性能和品质越来越相似的条件下，唯一可以形成差异和不可模仿的，就是由企业文化所塑造的品牌。

因此，我们不难看出，一个企业的品牌为企业赢得了荣誉、地位、市场，更重要的是，为企业赢得了上帝——消费者，一个企业最忌讳的就是没有消费者，因此，一个密集的消费者网是企业持久经营下去的保障。

前文说过，消费者就像企业的“战粮、战马、士兵”，虽然比喻不是很恰当，但却从某个方面说明了消费者群的重要性。一个企业只有有了“战粮、战马和士兵”，才能为持久战打下坚实的根基。

“千里之行，始于足下。”只有把第一步走好了，我们才能行万里路，而企业要想基业长青，要想在持久战中获得佳绩，只能夯实企业的根基。而夯实企业的根基又要靠什么呢？品牌！

可是，建立品牌不是一件容易的事情，企业除了要注意：品牌的设计不远离商品属性；不与其他企业品牌雷同；品牌名称要简短，易于拼读、发音、辨认和记忆；品牌设计要尊重和注意不同民族、种族、宗教和地域的风俗习惯等这些表面设计上的问题之外，企业还要注意品牌建设更深层次的意义。

1.品牌建设需要长时间的投资。21世纪的我们，生活需要基本得到满足，我们不再单纯地追求生理性需要，我们更注重心理性的需要，这就要求企业把品牌做出自己的风格，品牌建设是一项长期的投资，品牌建设不仅要有诚意，而且要有恒心、有耐性，更要循序渐进。现在品牌建设已经成为一个完整的商业系统，它需要企业在研发、生产、销售、宣传、服务等每个环节做出正确的决策，采取正确的策略。

品牌的特征及作用决定了品牌本身就是一项战略性工程，它具有长期性、系统性、全局性、持续性等战略特征。既然是一项工程，这就要求企业用战略性的眼光看待品牌的建设，企业要统筹全局、长期地、持续地操作。

像前文中提到的那些企业，他们根本就不知道品牌建设的长期性，甚至可以说他们根本没有想到要建设自己的品牌，他们的投机性太强。在当时的时代，如果他们知道品牌建设是一项长期的投资，踏踏实实地把自己的品牌做得更长久些，说不定他们就能挤进世界500强了。

2. 企业的文化建设对品牌建设至关重要。品牌就是一个企业的“脸面”，那么，怎么才能让这个“脸面”在众人面前表现得更加出色呢？这就需要有丰富的内涵，即企业的文化建设，企业必须要有自己独特的文化，这样才能给消费者更深的印象。

首先是重视人的素质，重视员工的素质，更要注重企业整体的素质。之所以把素质放在第一位，我认为这是一个企业最起码要具备的，不管是大企业、还是中小企业。企业的发展离不开人，那么人的素质就显得尤为重要，员工良好的素质不仅展示着一个企业及品牌的形象，而且传达出一个企业及品牌积极的、向上的、让人信任的品牌感受。一个好的企业素质不仅能让消费者喜欢该企业的产品，其他企业也愿意与其合作，实现双赢。

其次，企业要有诚信。诚信，是做人的基本准则，你失信于人，别人必失信于你。一个企业要做到诚信，就必须做到重视产品的质量，不欺骗消费者，不以眼前利润为追求目标。否则，企业对消费者失去了诚信，就像是船失去了帆，无法在市场的“海洋中”扬帆起航。

“南京冠生园”的破产就是失去诚信的下场。冠生园是一家百年老字号，素以童叟无欺、货真价实作为经商的理念。其原本生产的各类食品、糕点不但享誉中华，而且在整个东南亚、日、韩等国都很有口碑。然而，现在，南京广东路的一条小巷里，冠生园厂区已经是人去楼空。原因是：2001年9月3日，中央电视台报道了“南京冠生园大量使用霉变及退回馅料生产月饼”，这一举国震惊的消息。当年，各地冠名“冠生园”的企业更深受连累，减产量均在50%以上。2002年春节刚过，南京冠生园食品有限公司向南京市中级法院申请破产。

由此，我们可以看到，不管是多么资深的企业，只要失去了诚信，它的消费者就不会再支持它，甚至会遭到代价更沉重的“报应”，因此，一个企业要想建立一个好的品牌就必须实实在在地为消费者着想，对消费者必须要有诚信。

可见，企业的文化建设对于一个企业的品牌建设来说是多么重要，企业一定要领悟到其中的真谛，从而建立一个享有良好声誉的、消费者都拥护的品牌。

3. 品牌是需要精心经营的。所谓“玉不琢，不成器”，流星的美丽在于它与大气磨擦的那一瞬，而花石的缤纷在于浪花的冲击。品牌的成功，在于企业的精心呵护。品牌，其实就像一个孩子，需要细心呵护，精心培养，严格要求、监督、管理。想要让一个孩子健康快乐地成长，父母必须付出很多，给予无微不至的关怀。品牌就是一个企业的“孩子”，品牌对于企业的重要性就像孩子对于父母的重要性，因此，一个企业必须精心照料自己的“孩子”，他才能“孝顺你、照顾你”。

4. 品牌需要创新。品牌是一个企业的无形资产，但其也会

"生老病死"，因此，要想让企业的品牌久久地扎根于消费者心中，企业就必须懂得创新。再好的品牌也不可能永远一成不变，更不可能永远一帆风顺，企业要适时地、巧妙地进行品牌创新，但又不能跨得幅度太大，否则，容易让消费者起疑心。

只有了解了这些品牌建设需要注意的问题，企业才能把一个普通商品变成一个品牌，再进一步建立品牌忠诚度，最后变成从单一品牌到多品牌管理。

一个企业能否长久地生存下去，在很大程度上就取决于企业的品牌，品牌就是企业赖以生存的新鲜的血液；品牌就是企业能够持续经营的有力的工具；品牌就是企业能够在市场中稳定前进的发动机。品牌推动企业向前发展，一个企业的强大与否，就看它的品牌是否有知名度。

企业想要在持久战中赢得漂亮，就要好好地建设你的品牌，让品牌成为你前进的不竭动力。

第三章

持久战核心战法（一）：积小胜为大胜

一、朱元璋蚕食策略的创意之处

成功不是一蹴而就的，成功要靠积累，靠循序渐进，成功需要时间的锤炼。历史上任何大的成就绝非是一次的成功就可以达到的，他必然是由许多微小的成功慢慢铸成的，积小成成大成，就是这样的道理。在商场战争中也是一样，你的对手不可能那么的不堪一击，一下就被打倒在地，在商场上的胜利更是需要小胜的积累，因为你的对手也肯定是一个高手，不可能一口被你吃掉的，而这恰恰是持久战的核心战法之一。

一个胖子绝对不会是一夜之间变成的。那么，任何一个人成功的奋斗，也绝对不是坐等恩赐，而是应该把握命运之弦不断索取。朱元璋，作为一个小和尚，他一无权势，二无文化，只是一个小小的农家子弟，何以能够成就这么一番大的事业？后世无数史学家分析他的成功，总结出来的是：他知道慢慢地蚕食对手，消耗对手的同时又在壮大自己，懂得趋利避害。从他的这些对敌政策中可以看出朱元璋是深谙持久战的，他清楚自己所处的地位和所拥有的力量，他能够采取主动不落被动，很好地把握时机抓住要害，最重要的还是他能够在夹缝中找到最合适的策略，一步一步积累消耗他人、壮大自身。最终他才得以最终掌握天下大权，登基为皇，一统天下。这些看似简单的策略却是朱元璋经过深谋远虑后采取的最佳策略，可以看出，这在很大程度上体现了持久战战略当中关于“积小胜为大胜”的思想。

朱元璋出身贫苦佃农，时局动荡不安，他也受到了很大的影响，走投无路的他只能做起了小和尚。后来又离开寺庙，游历3年，他尝尽了人间辛酸，也看到了各地百姓的困苦。他预感天下大乱的时候就要到了，便立志勤学，广交朋友，以待时而动。

那时有名的就是郭子兴的红巾军了，其实朱元璋早就有投奔红巾军的念头，而正在这时，已在郭子兴的军队里当上了小头目的儿时的穷伙伴汤和，给朱元璋捎来了一封信，邀请他前去投军。朱元璋很快参加了郭子兴的红巾军，并深得郭的赏识。郭子兴对他宠信有加，不久，便把自己的养女嫁给了他。

后来，郭子兴因病故去，朱元璋就被升任为大元帅。至此，他的岳丈郭子兴所创建的起义军旧部便全部归他指挥了。朱元璋成了一军之主后，发现以现在的势力难以实现自己的宏图大业。于是，他特别注意瓦解敌人，壮大自己。有一次，朱元璋看到投降过来的将士顾虑重重，恐惧万分，就从中挑选出500名勇士当自己的亲军，让他们在夜里当自己的守卫，而自己平时的卫士则一个不留，全部打发走。朱元璋独自脱下战甲，酣然入梦，一觉到天亮。3万多降兵知道了这件事，大为感动，便赤胆忠心地为朱元璋效力，甘心情愿地跟随朱元璋打天下。这样一个精妙的蚕食策略让朱元璋以后的扩张之路更加平坦。

而在其后的称霸过程中，他更是将持久战的策略发挥得淋漓尽致，不断地通过合纵连横，将张士成、方国珍等人一一蚕食，直到最后坐拥天下兵马，夺取江山，成就一代伟业！

朱元璋的成功不在于他有很大的力量，也不是他多么的聪明，而在于他审时度势的长远眼光，在于他心中有着足够的耐心与毅力。他很明白自己要的是什么，且能够找到最好的策略去实践它。在他成功的道路上，从最开始的郭子兴，到后来的张士诚等等，都是在他的蚕食策略下被慢慢地吞噬掉的。他就是通过正确的蚕食策略，一点一点地蚕食他人的力量，削弱了别人的同时壮大自己。等到别人意识到他的威胁时，却发现自己再也没有力量与他抗衡了，从而他成为了最终的胜利者。

在朱元璋的成功道路上，似乎“蚕食”二字是他一路走下来的基础。其实蚕食本就是一种十分有效的策略，虽然兵法上有“乘胜追击”以扩大战果的强势策略，但也有“穷兵勿追，归师勿遏”的谨慎原则。乘胜追击固然会让人觉得过瘾，但战史上的确有不少原来稳操胜券的猛将，却输在关键性大战的实例。例如苻坚的淝水之战，袁绍的官渡之战，曹操的赤壁之战，都是因为过分的强势，反而输给了兵力不到自己十分之一的敌人。声势浩大的鲸吞策略，常常可以建立起惊人的功业，但这种全凭武力建立的事业，经常很快就会分崩离析。希腊的亚历山大帝国，法国的拿破仑帝国就是典型的例子。即使是成吉思汗所建立的蒙古帝国，也只能维持短暂的成功而已。强势取得的成功，会使人沉醉在表面的成功及对自己不客观的高估之中。急切地战胜敌人，运作上必然会有破绽。一旦敌人也是个高手，肯定会抓住稍纵即逝的机会，而自己很可能就会因此一败涂地了。如果采用蚕食策略，安全性高，但需要有足够的耐心。凯撒建立的罗马帝国，刘邦建立的大汉帝国，18世纪欧洲的大英帝国，努尔哈赤建立的大清王朝，都是在弱势条件下，实施蚕食策略，慢慢壮大，进而攻城略地，建功立业。当他们经过一番努力获得成功后，根基自然坚固，所以也能够得到较长远的传承。日本德川幕府的创始人德川家康，就是一个擅长“蚕食策略”的高手。蚕食最重要的就是“忍”，所谓忍字头上一把刀，说起来容易，但真正做到却很困难，所以除非对自己狠心点儿，否则是很难忍下来的。日本战国末年，能够突破群雄割据的僵持局面，使国家迈向统一大道的，先后有三位英雄人物，分别是织田信长、丰臣秀吉和德川家康。织田信长是个天才军事家，他的基础条件最好，因此在武力征服上最具成就。丰臣秀吉出身低微，却是个天才政治家，他懂得创造机会，以协商及整合的方法，完成了国家的初步统一。德川家康在机会和才华上都不及前面两位，但他却有前面两位不具备的本事，就是“忍耐”，等待时机完全成熟再动手。德川家康在决定天下大势的关东之战中，击败了丰臣秀吉集团的主流继承人石田三成。但他仍等待了16年，等到时机完全成熟后，才进攻大阪城，彻底摧毁丰臣秀吉的力量，最终建立了250多年的德川幕府。这16年的等待，不是一般人可以做到的啊。

曹操亦在官渡之战奇迹般地获胜后，实施蚕食策略的。北方平定战争长达6年，并未曾动用大量兵力，只是用积小胜的方式来撼动袁绍集团庞大的基础，并最终成功了，我们佩服曹操的忍耐能力。

蚕食策略在战场、商场上的例子不胜枚举，作为一种具有成效的好的策略，他的经典之处已经在无数的案例中表现得淋漓尽致。但我要说你其实早已经领教过了它的厉害，但你自己却并不知情，你相信吗？那么请看下面的例子：

相信你肯定去过服装店买衣服，各种各样的活动令你眼花缭乱，原本你的预算只是花200元买一件衣服，可是当你听到导购员给你介绍，他们还有一种活动，买两件衣服再送一张VIP卡只要300元的时候，相信你已经把持不住了。于是两件衣服和一张VIP卡被你带回了家中，而这张VIP卡只是用了这一次，再也没有用过，过了一段时间，你甚至把这种VIP卡丢到垃圾桶，但你是否会想过这张VIP卡让你花费了100元多购买了一件外套。

还有当你购买笔记本电脑的时候，你本来打算购买5000元一台的联想笔记本，结果到最后，你在促销员的诱惑下，选择了高配置的ThinkPad，但这些高配置并没有给你带来更好的体验，因为你只是用电脑来上网发送邮件或处理办公文件，或许一台上网本已经足够。

而你家里装修，购买室内地砖的时候，你信誓旦旦地说："最高预算只有1万元。"而你与家人最终花费了1.5万元购买了更漂亮、更厚的地砖，这种地砖更加耐磨实用，你还听导购员介绍你小区50%的业主都是选择这种瓷砖，相信你又成功地成为了蚕食策略的实验者。

蚕食策略在生活与工作中经常被用到。它可以让你在与你的对手交手时步步为营，稳扎稳打，先让对方让步，得到满足后再让对方让步，并最终达到目的。

谈判大师曾举过一个十分恰当的案例，孩子们是天生的蚕食策略应用的高手，他们也许不知道什么是蚕食策略，但他们为了得到自己想要的一切却在不自觉中利用了高明的蚕食策略。罗杰·道森的女儿朱莉娅高中毕业时，想要他爸爸送给她一份毕业礼物。在她的脑海里：一趟为期5周的欧洲旅行，1200美元零花钱和一个新的旅行包是她所期盼的礼物。她非常聪明，并没有一开口就提出所有的要求，而是一步一步慢慢地达到目的。开始时，她只是提出要去旅行，过了几个星期，她又用书面方式告诉罗杰·道森，旅行时所需要的零花钱大约是1200美元，她希望爸爸能满足她的这个要求。然后，就在即将开始旅行时，她又告诉罗杰·道森："爸爸，你不会让我拉着这个破破烂烂的旅行包去欧洲吧?其他孩子都有一个新的旅行包。"毫无疑问，她想让罗杰·道森给她买一个新的旅行包。设想一下，如果她一上来就提出所有要求，罗杰·道森很可能会立刻拒绝买新旅行包，并且会要求她减少零花钱。

蚕食策略就像是温水煮青蛙一样，你要煮一只青蛙，将它直接丢到煮沸的开水中它必将死命挣扎，最终不仅青蛙没有煮到，开水还溅到身上烫伤了自己。这不是赔了夫人又折兵吗？最好的方法是将青蛙放到冷水中，再放到火炉上慢慢加热，青蛙不仅不会挣扎还会很享受你给它提供的温和环境，等到它觉得温度越来越高承受不住想要往外跳的时候，才发现自己早已经没有了跳起的力量。

其实蚕食策略之所以能够奏效，主要是因为在对手，对小的让步不屑一顾，可以随意让步给对方，结果就是让了一小步，再让一小步，又让一小步，汇成一大步。这样的积小成大，对方的力量在不知不觉中被你消弱了。一个好的蚕食策略的使用者，能够抓住对方的心理，利用心理上感受不到的微小让步，让对方坚定自己的观念，再次获得对方的让步，再一次坚定信念，直到“蚕食”完毕。

蚕食策略的运用，其实更适合小企业成功开拓市场。不同的策略决定了小企业能不能在大企业的夹缝中寻求生存，进而占领一部分的市场。而这其中最适宜的策略只能是先培育目标市场，再通过目标市场不断向周边市场渗透的“蚕食”过程。所谓“蚕食政策”，简言之，就是企业在一个或多个目标市场上取得成功以后，通过各个目标市场向周边市场渗透，使多个目标市场连点成线，拓线成面，最终在大的范围内建立起销售网络的措施和方法。

当然，实行蚕食策略也是需要一定先决条件的。它并不是任何一个小企业在任何时候都能实行蚕食政策的。一般的，只有在符合以下三个条件的时候，才能取得蚕食政策的成功。第一，已经对主要目标市场完全占领，成为当地的畅销产品和优势品牌，这是企业自目标市场向外扩张的前提。第二，在目标市场上取得了运作市场和提升品牌的方法和经验，这些方法和经验又具有在其他市场的可操作性。第三，企业和目标市场的总经销商具有充裕的扩张实力，当市场规模扩大的时候，不但具有充足的货源和足够的流动资金，而且具备一支训练有素的业务队伍和成熟的市场运作经验，可以从容地进入周边市场并且取得成功。而具体的应该怎么做呢？这其中还是有一定的诀窍的，希望能够给读者带来一些启发：

第一，在蚕食过程中，要把握先机，抢占实地，占领目标市场，依据企业实力，多多益善。目标市场的空间距离不宜太远，最好可以互相呼应，这样便于将来将目标市场连点成片。这样在后期的整合市场的时候，就能够很快速地整合。而且，市场的点面结合，也更加适合调度了。这显然是需要注意的地方之一。

第二，在开拓目标市场的时候，应该努力地提高目标市场运作成功率，高的成功率，意味着用更小的成本得到更大的利益，而且可以有更充分的时间去继续开拓下一个市场，不论是对于眼前的利益，还是将来的打算都是具有十分重要的意义的。而且要争取做一个成功一个，尽量避免半途而废。这就要求企业制定的相关政策必须符合市场实际，具有灵活性和可操作性。

第三，在条件成熟时，向周边市场主动进攻，努力扩大实地范围。蚕食政策的核心内容就是目标市场向周边市场的渗透，并通过不断地渗透达到开发、占领周边市场的目的。当目标市场取得成功之后，企业通常会制定相应的优惠政策，鼓励和支持总经销商向其他市场有序扩张，以达到从竞争对手手中抢占市场实地的目的。

这些建议只是蚕食策略中应该注意的一些而已，还有许多重点之处需要更加深层次地去挖掘。通过蚕食策略的运用，巩固好自己本来的市场优势的同时，发展壮大自己。慢慢地，小企业就会变成一个大型企业了。

正所谓：冰冻三尺，非一日之寒。综上所述，蚕食策略无疑是一种极其有效的策略手段，它的利用能让你在如今激烈的商场战争中取得巨大的成功，用好蚕食策略你就能在持久战当中占得先机，把握好对方的心理，极其具备耐心与毅力，一次一次地积累，一步一步地接近，最终才能取得成功。这就是持久战中的核心方法蚕食策略的经典之所在。

二、小型胜利是今后大捷的基础和准备

每个人都希望成功，但成功不是随随便便取得的，它需要这样或那样的条件。每个人也都希望自己能成为战争中笑到最后的那一个，但一场战争的胜利也绝对不是轻轻松松的，它需要这样或那样的基础与准备。其实，成功也好，胜利也罢，它们就像原子组成分子，分子构成物体，一次成功的后面肯定有着无数的积累。怎么积累？为什么要积累？也许你的心中早已泛起了这样那样的疑问。

打仗靠的是智慧，靠的是指挥者的计谋。一个排，一个连是很小，一整个军团是很大，但是与其和一整个军队的兵力去硬碰硬，最后落得个伤敌一千，自损八百的下场，还不如将一个个排、连一点一点“吃”掉，最后这支军团也就不存在了。所以，聪明的将军不强求一战成功，而是要“集中优势兵力歼其一部，消耗敌人有生力量”。

现今社会，的确有很多人瞧不起小打小闹的战斗，却不知道小仗的胜利其实是为了将来大仗的胜利打基础的。所谓罗马也不

是一天建成的就是这个道理，所以千万不要小看任何一次小小的胜利，而是应该把每一次的小胜利都看做是一次巨大的胜利，认真对待，只有采取这样的态度我们才能从逆境中挣脱出来，反被动为主动，再加上有了以前小胜的积累，大胜的到来必定不远。

古语云：一屋不扫，何以扫天下，不积跬步，无以至千里，不积小流，无以成江河。在面对问题的时候，我们往往不知道该如何是好，其实不是这些道理没用，而是我们根本没有理解其中的真谛。成功重在积累，以小才能积大。成就任何一项事业，都需要具备多种条件，包括自身才能、经济实力、人际资源等。而在这种种条件下还有着各种各样的条件，所以既然你没有办法同时拥有所有条件，救应该集中全部心力，先解决某个力所能及的问题。你在这个问题上打了胜仗，以点带面，就能将全局导向有利的方向。

在这方面做得好的人都取得了相当大的成功。保罗·道密尔就是其中一个。

早年，没有一技之长的保罗·道密尔流浪到美国时，他身上只剩下5美分，可谓是穷困潦倒。没有专业基础，没有过人的能力，没有与他人竞争的资本。他所唯一拥有的，就只是一个发财的梦想。但是好在，他非常清楚，发财的希望不能靠偶然的机遇，要靠高于一般的能力。所以他决心学会成为一个大老板需要的各种技能。无数人都有着发财当大老板的梦想，但是他们往往不能成功，为什么？其实就是少了保罗的这种分析问题、敢于尝试的精神。他们不明白一个人想要成功需要的，不是天上掉下来的大馅饼，而是自己去慢慢地积累。这种思想上的差距就成了事业上的差距。

道密尔来到美国的最初的几个月里，他不停地换了几乎有20份工作，而且在之后的日子里甚至换了更多的工作，换这么多工作并不是说道密尔是不能坚持持久的人，而是有着另外的一层意思的。他换的每份工作的性质其实都是不同的。对每一份工作，无论是机修工还是搬运工，他都认真对待，决不马虎。不过，一旦他完全掌握了这项工作的技能，便会马上就跳槽。他不愿在自己熟悉的事情上浪费时间。这样的做法只是为了掌握更多的技能来完善自己，为离自己成为大老板的梦想更近一步。

就这样不停地积累，跳槽再跳槽。一位老板看中了他的才干和敬业精神，决定把整个工厂交给他管理。而道密尔也并没有让老板失望，他把工厂管理得很好，也得到了非常可观收入。很多人在这个时候又会想停留下来了，既然得到了老板的赏识，而且能够管理一个公司，也成为了一个大老板，为什么不停止下来专心专意地为大老板经营这家公司呢？可是半年后，道密尔却突然向老板提出辞呈，跳槽到一家日用杂品厂当了推销员。一个公司老板跳槽去当了一个普普通通的推销员，让很多人难以想象，但是他却认为，要成为一流商人，只有企业管理经验是不够的，还必须熟悉市场，了解顾客需求。推销无疑是一份最接近顾客的工作，于是，他放弃了体面的职位和优厚的薪金，干起了推销员工作。

经过几年不断的积累，在市场上的不断修炼，道密尔对自己的才能有了充分的肯定。于是，他开始了他的创业，他首先用极低的价钱买下一家濒临倒闭的工艺品厂，经过一番整顿，工艺品厂很快地起死回生，并且成为了一家赢利状况极佳的企业。

然后他继续买下一家又一家的破产企业，然后就像包治百病的神医似的，将他们从破产的深渊中拉出来，而且焕发出更耀眼的光彩。当然他的财富也像雨季的河流一样，迅速飞涨。20年后，这位白手起家的青年轻轻松松迈入了亿万富豪的行列。

这个事例告诉我们：道密尔的人生梦想是做大事、发大财，但他实现梦想的方法却是从一件件简单的小事做起，培养才干，增长经验，同时积累创业资金。他在一件件小事上打了胜仗，为最后的大获全胜奠定了基础。这样的成功才是真正的成功，以小成大，不放弃，不停留。一直在努力的过程中积累自己，然后厚积薄发取得成功。这与他一步一步的成功的积累是分不开的。道密尔的成功绝非特例。绝大多数成功者都是先拥有一个充实的自己，在不断的积累学习中慢慢地充实自我，完善自我，然后才能达成人生成功的。

那么我们为什么要从充实自己入手呢？其实相对来说，这才是最容易“打胜仗”的地方。改变自己总比改变别人来得简单。你想提升专业技能，充实自己，永远都不会缺乏学习的机会。这也符合老子“图难于其易，为大于其细”的道理。

所以，聪明人想做大事，要先“集中优势兵力”解决自己这件“小事”。这件“小事”做好了，何愁大事不成？其实在商业中更应该利用好积小成大的策略，巨大财富的取得肯定是一点一滴的积累，天上不会掉下馅饼，不可能坐拥无数的财富，一夜暴富。那么一步一步的积累才是我们应该走的道路。

大海虽然浩瀚，也是由无数个小水滴组成的。华尔街的投资高手中，不管是索罗斯还是巴菲特，他们的财富也是从每一单的交易中一点一点积累的，没有几十年的积累他们也不可能拥有今天的成就。就像愚公移山一样，想要一天之内就把一整座山移走显然是不可能的，所以只能是每天移一点，慢慢地积累，日久天长，再大的山也能被移开。同理，再多的财富也是慢慢地积累来的。而产品上的优势也是这样积累而成的，就像我国的高性能商用服务器一样，高性能商用服务器是信息化建设的核心产品，电子政务、金融、电力、电信、财税、教育、保险等等行业都要用到，都要以它为中心来提升管理。而这样的高科技技术，一直以来我国都无法和国外抗衡，但是就是在这样的高科技领域内，一家国产企业让外国名企也不得不低下头来，它就是赫赫有名的浪潮。

其实早在产品的研发过程中，浪潮的老板孙丕恕和他的技术创新团队就悟出了一条“硬道理”：我们的国产服务器毕竟是后来者，要想在人家成熟的市场里“分一杯羹”，必须选好突破点，把自己产品的优点突出出来，要想办法“出位”，脱颖而出是个漫长的过程，只能是“积小胜为大胜”。认清了这条道理，他们的目标就有了，在今后的研发工作中就这样不断地建立优势，他们在发展中找发展，品牌虽然比不上别人，但是在实用性方面，易操作、易维护。三年之后，浪潮的服务器已经在国内屡获大奖，得到了广泛的认可。而这样一个慢慢崛起的对手，也让许多外国企业认识到了危机，不过在这样长久的蚕食过程中，浪潮的服务器就成长了起来，想要打压已不可能。几年之后，浪潮的“翅膀硬了”，开始在高性能商用服务器市场应用上攻坚，随后的两款产品更先后两次打破了服务器行业的世界纪录。这两次超越不仅是在技术上，而且在性价比等方面具有了更大的优势。

从开始的切入到中低端市场到现在的引导高端市场，“聚沙成塔，集腋成裘”，浪潮服务器先在本省的两个地市级税务部门试点，再推广到省外十几个地市级地税部门，接着，又推广到公安、社保、教育等领域。“积小胜为大胜”，“浪潮服务器”一步一个脚印，让昨天的用户去影响明天的用户，打破了国外RISC服务器的市场垄断，短短几年时间，就在高端服务器市场站稳了脚跟。

这又是一个积小胜为大胜的典型案例，长久以来，国产品牌在国内的处境一直很尴尬，似乎只能是低端、廉价的代名词，可就是这样的一家国产服务器公司却可以让外企不得不降低价格来竞争，这该是怎样的一种胜利，这巨大胜利的取得正是他们在发展过程中一次次的积累的功劳。积攒技能优势，积攒品牌优势，积攒市场优势，最后就是拥有全面的优势了。

不论是想要成为成功商人的人，还是本身就是一个成功的企业老板或者管理者的人，请务必铭记这样一句话：成功不是掉下来的，掉的下来的叫运气；成功也不是拣起来的，拣起来的那是便宜；成功也不是空想出来的，空想出来的叫梦想。想要成功，必须积累。

三、三星公司持续扩张理念带来的启示

一个成功企业的成长历程就是一本好的企业发展教材，一个成功企业家的成长经历就是一份宝贵的学习经验。在企业发展的过程中，我们难免会遇到许多难关，有的难关不难通过，有的却并不是那么容易，我们习惯把那种难关叫做挑战。遇到强大的挑战，有时我们会发觉似乎自己已经无法找到出路，似乎我们成长的可能已经被扼杀。在这个时候我们就必须做出改变，进行正确取舍，我们会选择扬长避短，用自己最擅长、最优秀的一面去面对挑战，去竞争，以获得一点一点的“小胜”，正如上节所说，小胜是大胜的基础，但是在赢得小胜的过程中，最关键的一点是：企业要对市场进行划分，对自己的产品进行重新定位，重新进入市场，通过新的策略、新的产品去一步一步地扩张市场，这样在新的市场中就会有更多的契机让我们赢得挑战，收获成功。

三星，现今世界上最高档的电子品牌之一，是与微软、谷歌和苹果等大公司齐名的巨型公司。其实三星的发迹也只是近20年的事，如果回到1996年以前，你不会认为它是一个具有远大前景

的公司，因为那个时候韩国的三星公司还仅仅是一个只会模仿别人、制造廉价商品的小型公司，而且那时的三星公司甚至到了破产的边缘，三星集团已负债170亿美元，而只是8年时间，它摇身一变成为高档产品的代名词。这是一项伟大的成就，被世人誉为“三星神话”，至今还是许许多多公司的学习典范，被无数人所推崇，而在这8年时间内，那个濒临破产的三星公司是如何扭转局势、飞黄腾达的呢？在这之前的三星公司又是怎样的一个公司呢？

三星公司的前身是三星商会，在当时的会长李秉哲的运作下，前期的三星商会发展迅猛，也取得了较大的成功，而后会长李秉哲收购了“朝鲜酿造”，在当时的特殊时期下，由于事关民生，所以企业日进斗金，为三星集团的发展打下了坚实的经济基础。但是发展不是一帆风顺的，世界大战的爆发，朝鲜内战战火的点燃，一度严重影响了三星公司的正常运作，甚至使得稳定增长的三星公司在战争中失去了全部的资产。但是这样的打击并没有击倒三星，李秉哲认真分析市场，重新定位产品，他所收购的“第一糖业”“第一纺织”在这时却给三星公司创造了生机，正是这一次重要的转型使得三星公司得以继续生存下来，在李秉哲的正确引导下公司业绩上更是取得了一个又一个的喜人成绩，这样，三星一直走到了20世纪60年代。

而在这个时候，李秉哲敏锐地感觉到韩国以及与韩国经济水平相当的不发达国家存在着巨大的市场需求空间，于是三星公司学习借鉴日本发展高科技的做法，决定向电子产业进军。考虑到国人对电子产品的极度缺乏，“三星电子”在李秉哲的领导下成立了。这就是如今为人所熟知的三星电子了。他出资2500万美元（占50%股份），与日本三洋电器（占40%股份）、住友商社（占10%股份），于1969年12月4日成立了三星三洋电器（1977年合并为三星电子）。不同的时候把握不同的时机，成就的事业就是不同的，相比其他公司还在死钻传统企业的时候，三星无疑走在了前面，抓住了发展的主流。这一次的巨大转型无疑又是一次商业史上的经典。

在此阶段，尽管三星公司还是处于起步期，但已经开始由单纯的贸易转向制造业，向实业发展，在此期间逐步积累起一定的经营管理经验和资本实力。并且通过成立三星电子，为以后三星成为数码时代的领导者奠定了经济基础和产业基础。

20世纪70年代，韩国的经济开始步入正轨。随着韩国经济的不断发展,政府已经认识到劳动密集型产业虽然能够在一定程度上缓解就业压力，但这种低附加值的产业却要以耗费大量的原料和能源为代价，于是韩国政府开始扶持造船、化工和航空等重工业和化工业的发展。在这种背景下，三星公司在业务领域上也不断地进行多元化扩张，其业务很快就涵盖了电子、造船、建筑、化工等传统领域。

在李健熙接替李秉哲出任会长前，三星公司已涉足半导体芯片业务，同时还零零碎碎地经营其他多种业务，但没有哪一项能称得上是核心业务。由于核心业务的缺失，在很大程度上限制了三星公司的发展。为了摆脱这种境况，三星公司进行了业务的重新规划，将其主要精力集中在电子、半导体以及通信等新兴业务层面，为此三星公司甚至将这几部分业务全部都并入三星电子，以形成合力，这种战略调整表明了三星公司旨在成为21世纪世界一流电子企业的决心。

而这以后三星在半导体的研发上大下功夫，投入很多，取得了一个又一个的喜人成绩，在20世纪80年代以后，三星不断地突破DRAM芯片的容量限制，在高端产品市场上不断斩获市场份额，这与它在半导体行业中所积累的丰富经验和技术实力不无关系。由此可见，布局半导体行业是三星公司确定主营业务方向的关键一步，也是三星公司得以不断成长的坚实基础。

接下来的三星开始了一系列的大改革、大变化：全球扩张，增强技术，二次创业，凤凰涅槃，“新经营”时代到来了。一直到后来的世界经济危机到来，断臂求生，危机中求生存。三星经历了风风雨雨，通过制定完善的前瞻性的企业战略，放眼高档产品，巩固其在亚太地区的霸主地位，改变企业文化去适应全球化和数字化的需求。通过知名的三大策略打造差异性及持续性的竞争优势，才造就了这个世界级的“三星”。

三星的成功是一个持续扩张的过程，从最初的“三星商会”到如今的“三星集团”，它的业务范围早已扩大了无数倍，从起初的贸易，到制造业的转化，从单一到多元化的转化，从局部化到全球化的转化，可以说三星就是一个从小到大的转化。持续的扩张，才是一个企业能够一直领先的基础，只有不断地为企业注入新的活力，新的血液，这个企业才会年轻。持续的扩张也是持久战的精髓之一，不是说成功就可以停滞不前，而是更要不断的积累去获得更大的成功，而持续扩张就是要做到这一点。有人说三星的成功是不可复制的，的确如此，但是它成功的经验是我们应该学习的，企业不仅要在创业之初就做好打持久战的准备，而且在企业发展壮大的过程中也要有持续化的战略，要有长远的眼光，不能拘泥于现在，而应着眼于未来。

发展的过程就是积累的过程，是一个持续化的过程。三星的日益庞大是与它发展过程中的日积月累分不开的，没有前期的收购战上的成功为其打造坚实的基础，就不会出现中期三星的强盛局面，而中期战略的调整使得三星在一片空白地带发展自己新的产品，就是把以前的积累换了一个方向，其本质还是不停地积累。直到后来由于中期技术性的优势，并且取得了卓越成就，就更加直观地影响到了后期的高档品牌的定位。毕竟没有先进的技术优势，又如何能在高档品牌上占有一席之地呢？

我们学习总结三星公司发展的过程中给我们的经验，其实就是想让我们深刻地明白，企业的发展扩张是一个持续性的过程，所以说企业的发展与长久的持久战的策略是分不开的。在这样的发展过程中，定位自己准确的目标，就显得尤为重要了。在发展的过程中，如果迷失了自己的目标，那将是毁灭性的灾难。这也是在进行持久战中我们必须要注意到的一点。

企业扩张的实现是一门高深的学问，我们能够从三星公司的成功中总结出一些经验，一些道理。但是它的成功有着它的必然，如何将学到的经验用于我们自身，还需要我们对扩张战略，对持久战有更深刻的认识。在企业发展的过程中发挥持久战的策略，能够趋利避害，在正确的时机做出最为正确的选择，将它最大的利处发挥出来的同时，受到最小的伤害。这才是三星公司的持续扩张给我们的启示。

四、商场持久战中的区域稳步扩张策略

一个企业需要壮大，就需要不断地去扩张，不断地去积累。企业发展是一个竞争中求生存与发展的过程，如何在这个过程中保存自身、发展自身绝对不是一件简单的事情。这需要有着明确的既定策略。任何大型企业的发展其实都是一部扩张史，他们能够在激烈的竞争中脱颖而出绝非偶然，也不可能是运气，那么他们到底是凭着什么坚持并且壮大到最后的呢？其实这与他们的扩张策略是分不开的。每个大型企业的市场扩张策略在其发展过程中都起着不可替代的作用。好的扩张策略预示着能够占领的市场份额越多，代表着更多的利益。而这难道不是一个企业发展壮大的必需吗？

企业扩张绝对不是盲目的，他应该有着很清晰的目标市场，而不是打乱战，没有条理。所以好的扩张策略必须先有一个明确的目标市场。

世界著名企业家乐福在中国开分店的时候，就有着明确的目标市场，因为从家乐福进入中国5年的分店选址可以看出，它所侧重

的显然不是减少分店的地理距离，而是希望在中国多个繁华城市开店，由于门店周围居住的人有很高的消费能力，所以门店的销售额亦高。这就解释了为什么家乐福的市场占有率高于其他外资。从进入市场前，他们就制定了其目标市场就是高消费能力的人群，所以就可以解释其为什么选择这些大城市作为分店的首开城市，而其后选择发展较蓬勃的多个省市开业，如华东收入最高的上海、最繁华的直辖市重庆，还有沈阳、武汉、东莞、珠海、深圳、北京、天津等大城市，也都是为这个目标市场所服务的。

同样，作为国内有名的民营连锁零售企业，物美并不像国有企业那样可以得到多方支持，从1994年开设第一家超市开始，物美基本靠自身的利润来发展和扩张。他们给自己既定的目标市场也是相当明确的。物美的不同在于，它看到了北京地区国有企业改革的契机，承租国有企业的旧厂房、雇佣下岗工人、到托管国有商业企业，它以民营资本身份在当地成功实现低成本扩张，而这一点恰是其他企业无法复制的扩张模式。按照物美副董事长吴坚中的话说："物美集团坚持区域化发展战略，致力于打造地区优势，优先巩固在北京地区的拓展。"直到2004年，物美超市才逐步发展至天津及邻近的河北市场。由此可见，物美的规模壮大，不是盲目地扩张，而是有效地利用它在北京周边的经验和资源，不断形成区域性规模效应的结果。

而这方面的例子还有很多很多，如世界咖啡帝国星巴克的发展扩张之路，沃尔玛中国市场的开发等等。其实他们都说明了这个道理。但是目标，是一种人人都懂得讲却很难做到的东西。现在，不少企业中所谓的目标，其实都是“假目标”，是一种数字游戏而已。这些目标并非自下而上所得，它们的形成缺乏充分、客观、具体的依据，到最后仅仅是企业高层人士一厢情愿的梦想罢了。所以目标必须合理，必须结合具体的情况，如若不是，那么这个目标只能是空想。那么持久之战如何能进行下去呢？

那么如何去制订一个适合自己的目标呢？一个企业又该怎么找到自己的目标市场呢？那就需要一份市场分析了。

市场分析就是对该区域的市场规模、特性、市场容量、行业竞争环境等方面进行系统性的分析。

根据项目产品的市场环境、竞争力和竞争者，进行分析、判断该产品在一定时间内是否有市场，以及采取怎样的营销战略来实现销售目标。

它的重要性有以下几点：

1．市场分析可以帮助我们发现市场机会点。

2．市场分析可以加强我们对该区域产品销售的控制。

3．市场分析可以帮助我们发现经营中所遇到的问题并找出解决的办法。

4．另外，市场分析中可能还有消费者调查，了解消费者需求，从而达到改进产品的目的。

一份好的市场分析能够让你了解到许多实际情况，明白市场的需求是什么，而不至于蒙着眼睛乱闯市场而碰壁。就像三星公司在发展过程中的一次次巨大的变革与转型，都是建立在市场的细致分析上的，在早期的民生产业上大下功夫绝对不是心血来潮，而是有着相当深厚的市场思考的。那时的韩国民众生活艰难，民生问题急需解决。而选择这个时候进军民生市场绝对是十分正确的一项抉择，也是这样的正确抉择为其发展奠定了坚实的基础，而在20世纪60年代的半导体开发，也是因为瞄准了未来高科技市场的巨大需求，才坚决实施的，直至21世纪，定位高端产品，走高科技路线也是对市场有着充分的认识后的发展策略，不得不说三星的发展与他的市场选择有着很大的联系。而这些都是与市场的分析调查是分不开的。

企业的发展只有找好了既定的目标市场，才能有着继续发展扩张下去的方向，但是仅仅只有一个目标也是远远不够的，他还需要一个产品——个具有战斗力的产品征服消费者。

这里，我们举一个例子。

“东方树叶”系列茶饮料是农夫山泉公司最新推出的一款全新产品，用农夫山泉泡制，其冲击市场的火力点是“0卡路里”。该系列茶饮料包含四个口味：红茶、绿茶、茉莉和乌龙。

该产品的取名创意来自中国的茶叶，出口之后，茶叶以其高雅的品味、独特的口味、良好的养生功效被外国人称为“神奇的东方树叶”。为了一炮打响，农夫山泉公司特邀英国设计公司Peartfisher为“东方树叶”进行了形象包装设计。

近几年来，茶饮料市场虽一直火爆，但由于总是绿茶、红茶等品种占据优势，因此造成了口味上的单一，这使得茶饮料开始渐趋降温。这时，“凉茶”概念的推出顺应人们的需求，并已深入人心。不可否认，某些“凉茶”在价格上的定位略高于其他种类茶饮料，然而，消费者的需求还是居高不下，比如，他们对既“不上火”又“消暑”的“凉茶”情有独钟。

入夏以来，饮料销量上升明显，其中茶饮料最为突出，销售量要比前一段时间高出30%之多，销售额占饮料销售的60%左右。细心的人便会发现，如今，各大超市普遍上架了一种全新的茶饮料，这是农夫山泉继成功推出水产品之后的又一创新产品——原味茶饮料。面对“康师傅”“统一”“娃哈哈”等品牌的绿茶产品，农夫山泉用了个既醒目又易记的名字——“东方树叶”，并刻意进行了极富诗情画意的简短介绍。然而，这片东方树叶是否能如愿以偿地占据茶饮料市场呢？

我们先分析一下东方树叶的特点：

毫无疑问，其最大的亮点是“0卡路里”。

在东方树叶包装瓶后的营养成分表中，能量、蛋白质、脂肪、碳水化合物、糖和钠均为0；而其他茶饮料，除水和茉莉花茶或其他茶类外，则少不了食用香精、食品添加剂等元素。因此，在充满糖分、香料及各种添加剂的饮料市场中，东方树叶的“0卡路里”的定位自然显得非常抢眼，这样，走“健康与纯正”之路，无疑是东方树叶的最新主题。

除了狂打“0卡路里”牌，这片树叶更注意广告和包装。

先说广告。

“1610年，中国茶叶乘着东印度公司的商船漂洋过海，饮茶之风迅速传遍欧洲大陆。因一时不知如何命名，且其来自神秘的东方，故被称为‘神奇的东方树叶’”。这段极煽情的文字，一下子拉近了产品与消费者的距离。因此，当广告最后亮出这个名字时，它的与众不同便扑面而来。整个广告突破了以往以采茶姑娘、品茶人、茶园、茶叶等作为广告元素的定式，而是采用剪纸这一艺术形式，极具中国民间文化特色，想别人所未想，为别人所未为。在视觉享受上和心理预见上给消费者全新的感觉，从而抓住了观众的期待感，激发了消费者的购买欲。

广告中的画外音如“公元1267年，蒸青绿茶东渡日本”、“贞观十五年，红茶经茶马古道传往西域”等，也起到了传播中国茶文化的作用。

其包装上的重要设计理念是：眼睛决定我们吃什么。于是，农夫山泉的“东方树叶”系列产品的瓶型设计宗旨是“跟着眼睛走”。

在握感上，其瓶型给人一种扎实之感，而绝不会从手中滑落；上圆下方的设计也会让人觉得里面的液体很饱满；标签设计，除了颈部的标识和色彩在四款产品中都是绿色的东方树叶标识外，主体部分则根据乌龙茶、茉莉花茶、红茶和绿茶的不同特点，使其颜色各异，图案精美别致，但又主题突出。

这些，都体现了这片树叶的商品理念：欲以一种让消费者信得过的产品快速占据市场。

实际上，农夫山泉的品牌已经深入人心了，这次，他们再出重拳，效果到底如何呢？

东方树叶的购买人群多为女性，因为女性消费者更看重茶饮料的健康、时尚等特性；喝茶饮料不会发胖，也是东方树叶的青睐者女性多于男性的另一主因。

有人对东方树叶的销售状况作过统计：40分钟的调查时间里，北京某超市共卖出21瓶“东方树叶”。其购买者的年龄呈金字塔状分布，平均年龄为30岁，60.3%的消费者为29岁以下的人群，青年人是其最坚实的塔基，中青年构成塔身，高居塔尖的是中老年人。

自“东方树叶”上市以来，主要得到两种人的真心喜爱：一是爱茶人。他们都会喜爱这种口感相对纯正的茶饮料，认为味道近于自家冲泡的茶，适宜外出携带，能满足他们随时饮茶的愿望。二是有瘦身意向者。因为喝这种饮料，不必过于担心其中糖、脂肪等助于体重增长的成分的威胁，做到了“低脂肪、低热量、低糖”。对于他们而言，“0卡路里”无疑是最大的诱惑，可见，东方树叶在推出之前，农夫山泉公司的确是下了很大功夫，尤其是在市场调研上。可以说，农夫山泉基本做到了以一种拳头产品占领市场的目标。

然而，“东方树叶”的销售情况并未达到农夫山泉公司的目标，其销售业绩仅为统一、康师傅等茶饮料的一半左右。这又是其定位上有待进一步明确之处。

1.东方树叶在口感差异上被消费者接受的不确定性。自从茶饮料问世，从旭日升的冰茶到康师傅、统一的冰红茶和绿茶，再到可口可乐的原叶系列茶，其口味都是甜的，因此，消费者的心理定式是，所谓茶饮料，就应该是甜的。特别是年轻人和孩子，更是非甜不喝，更何况他们又是饮料消费的主力军。而“东方树叶”在0糖量的定位上，既是创新和机会，更是严峻的考验。

2. 东方树叶价格稍高带来的被消费者接受的不确定性。其3—4元的价位一时难以被购买者接受，因为人们已经习惯了其他茶饮料的不到3元。

3. 竞争激烈带来的陈列效果的不确定性。康师傅、统一等东方树叶这些已经稳占市场的“劲敌”，肯定会在市场有限的陈列位置、陈列时间等方面对“东方树叶”进行阻击，降低“东方树叶”的出现机会，减少其被购买者选择的概率。这是正常的，也是市场规律。这些，东方树叶都要考虑到，并且进行准确的定位。

当然，挑战与机遇并存，东方树叶既不会一下子打败所有对手，充分占领市场，也不会被对手一下子打得再也爬不起来。这些都要求这片树叶需要采取合适的方法，进一步进行更细致的市场定位，逐步赢得市场，赢得消费者的信任。

在商场竞争中使用合适的区域稳步扩张战略是持久战的核心策略之一，其实不难看出任何成功的运作事后看都不复杂，只要抓住问题的本质，其运作的策略都是简单的。如果复杂就没有抓住问题的本质，因为简单所以常用，因为常用所以重要。道理很简单，只有简单的东西在企业中才能真正地被员工执行。

一个品牌想要突破自己既定的区域，向更广阔的市场区域发展，他就必须要拥有这样或那样的因素，但这其中最为重要的有三点：

第一，一个品牌要打出去，那么这个品牌的自身必须要有自己的特点和优点。其实一个在既定区域里的成功很多情况下并不是这个产品很有竞争力，也许只是这个产品的发展刚好抓住了这个区域市场的空白期，得到了很大的发展。但是这样的一个产品想要发展出去，如果没有自己的特点，也不如其他产品优秀。那么，相信消费者是不会买账的。而如果这样的一款产品具有自己的特点与优势的地方，在与其他区域的本土品牌比较的时候就能优势尽显，区域扩张的成功就会轻而易举。

第二，一个品牌要打出去，这个产品的定位必须得合适。有很多时候我们的产品占据不了市场，不是我们产品本身不够优秀，而是我们没有很好的定位我们的品牌。那么品牌的定位该怎么做好呢？就像我们不能向小朋友推销烟酒，不能向文盲推销古典名著一样，无疑就像对牛弹琴一样，这样的产品定位怎么能够打出市场呢？所以我们的产品要想打出去就得找准自己的定位，它得有自己的市场，这就需要我们做十分仔细的市场前期调查。找准突破口。

第三，一个产品要打出去，就得有着这个产品生存的市场，市场是产品生存的空间。如果你要进军的市场在那个区域早已经饱和，这样你再进军这样的一个市场无疑是虎口夺食，想要撕扯出出路相当之艰难。所以，与其花费巨大的精力去投入到市场的战争中去，我们不如进军一个市场相对空旷的区域，把更多的精力去花在市场的推广上去，无疑这样更容易将产品成功地推出市场。

如果说对市场的敏锐感知，是做到区域扩张的土壤。对产品的准确定位就是做到区域扩张的根茎。其后的销售策略就是成长的养分。只有做好这些，那么才能真正地做到区域稳步扩张策略。区域扩张的前提是稳定的持久的进行，不只是一时发展。区域的稳步扩张，就像展开的一幅画卷，展现的过程是缓慢的，坚决的。如果我们把企业的未来成就看成一幅画，那么我们推行好持久策略，就要用持久战的核心战法做笔，勾勒出企业的美好未来。

第四章

持久战核心战法（二）：善断与善任

一、没有远虑，必有近忧

没有远虑，必有近忧。一个人如果只顾着眼前的利益，没有长远的目标和打算，就永远不会得到幸福和快乐的垂青。一个企业如果只看到眼前的小小利益，而不去发现其后面隐藏的更多更大的利益，那么就永远也得不到强大和长青的基业。正所谓：思维决定高度，高度决定态度，而态度决定着出路。只为当前利益所诱惑，放下发展的脚步，如何能成为一个成功的企业呢？

当今的时代要求人们要有更多前瞻性的思维，任何人要想在社会上立足，就必须永远向前看，向前奔。所谓前瞻思维，就是站在时代的制高点上，依据对客观规律的正确认识和事物的发展趋势，确定长远目标，并以此带动现实的发展。

世界上的很多事，换一种思维方式，就会找到另外的一扇门。思路决定出路，企业的策略决定着企业的出路。面对很多不可能的事，我们要走出自我的狭窄地带，积极地去探寻其他途径，尤其要目光向外，借用外部的资源。只要认真地去筹划，就能找到方法；找到方法，努力去执行，就会成功。

就像一位成功的管理者曾说的一样：其实任何企业与市场都是一对矛盾体，但是在这一对矛盾体中，市场处于主导地位。一位优秀的市场主管都要坚持两手抓：一是就现实的产品做好营销策略，扎扎实实地做好销售；二是根据市场走向，提出新产品开发计划和价格建议方案，提高企业未来的竞争力。总的来讲，我们不得不承认这样一个现实，任何时候都有企业赚钱，有企业亏本，有企业开张，有企业关门。做不好的理由和做得好的办法同在。关键是你怎样去思考。如果你只是思考现在，即使你赚钱了，实际上做得也不一定好。如果你的思考包括了更远的将来，即使你现在并没有盈利，但是你做得也是很正确。所以就有了这样的说法："没有滞销的产品，只有滞销的人；没有疲软的市场，只有疲软的心。"没有远虑，必有近忧，说的就是这个道理。

正所谓：愚者赚今天，智者赚明天。今天即将过去，可是明天何其多。当然，这里要强调的是"远虑"要建立在科学分析的基础之上，而不能是无谓的空想和放不开的思维。就像曾经听说的一个笑话：要是中国的每个人给我一块钱，那么我一夜之间就能成为亿万富翁了。我们先不说他的想法是不是合逻辑，我们可以换个角度想想这个问题，我们的产品只要能卖到中国的每个人手中，仅仅只赚一元钱，那么我们不就成为亿万富翁了吗？小小的成功集合起来铸就的就是巨大的财富，这不就是持久战的精髓之一吗？

企业战略就是企业长期生存和发展的谋略，是基于企业整体性、长期性、基本性问题的安排。战略是一个复合词："战+略"，是战争之谋略的意思。从字面上来看，战略这个概念最初只应用于军事领域。一个企业要想在竞争的市场中持续经营，就必须有长期性和全局性的谋略。企业战略的本质特征就是发展性，简单地说即使指不仅要吃着碗里，看着锅里，还要盯住田里。古人说："不谋万世者，不足谋一时；不谋全局者，不足谋一域。"企业战略关系到整个企业的方向路线和大政方针，战略的制定过程就是企业对外部环境的机会与威胁的系统研究和分析过程，就是对企业优势与弱势的全面认知和确认过程。为保证企业能选对正确的发展方向、走上持续健康的发展之路，在制定企业发展战略时一定要有科学性的分析。

下面我们以一个经典的案例来分析持久战策略的未来策略：

众所周知，在21世纪前后，是我国移动通讯迅猛发展的一个时期，一种固定电话延伸的无线通讯技术——小灵通以惊人的速度飞快地占领了中国移动无线通信的半壁江山。而借助小灵通的成功，一个奇迹般的公司出现在人们的眼中，它就是——UT斯达康，伴随这个公司一起出名的还有他的创始人吴鹰，一个当年被无数企业家誉为神一般存在的人。他敏锐的市场嗅觉造就了这个成功的公司，UT斯达康的发展在那个时期甚至一度超过了思科公司的发展，短短的时间内就成了一个实力强大的跨国公司。但是，如果我们用战略的眼光去审视吴鹰和UT斯达康，它的成功其实具有一定的偶然性，可以说是一个意外。首先从技术上来说：

因为小灵通本质上是一种落后的通信技术，这个技术在当时的日本甚至已经走到了废除的边缘，较之以后的先进的通讯技术，它的技术含量实在太低。其实他的成功是借助了中国电信的发展需求，在中国移动开始发展移动通信的时候，中国电信为了稳固其市场份额必须找到一种无限的通信技术，以便与享有移动运营牌照的中国移动和中国联通竞争。而就在这时，UT斯达康准确地捕捉到了中国电信的需求，将这种在日本几乎在淘汰边缘的通信技术引进中国，与电信结合。在中国，它却成了中国电信曲线进入移动电信市场的一剂良药。UT斯达康作为小灵通最大的供应商，小灵通的成功，为UT斯达康带来了利润和荣誉。UT斯达康是在两大垄断企业大战中偶然得到了一个商业机会，这个机会可以获得一时的利益，但很难持续。为什么要这样说呢？其实我们更应该从战略的角度去分析：

首先，小灵通与其他技术相比存在着相当大的技术差距。小灵通的技术本身没有先进性。UT斯达康虽然通过这个巨大的市场契机将小灵通带入了中国市场，但是，它并没有全球化的研发优势，在技术的先进性上它远远落后于摩托罗拉、诺基亚等国际巨头，甚至与华为、中兴等国内厂商也有较大差距。这一软肋注定了UT斯达康难以持续辉煌的宿命。在能取得成功的大前提下，UT斯达康没有想着如何去继续研发更加先进的技术来迅速地弥补这个缺点，却还在陶醉于前期的成功中不能自拔。所以这样的成功绝对是昙花一现的。

再者，它的发展定位也存在着相当大的失误。它一直依赖中国电信市场的发展，在前期发展成功的同时没能更加长远地想到未来的发展方向很难有更大的突破。它始终把中国电信的垄断市场当作是自己的救命稻草，却不想在未来连这棵稻草也不能挽救自己了。其实在其发展的过程中，它应更多地去想到摆脱中国电信寻求其他的发展方向，逐渐地将市场发展的方向进行转移，最后成为一个具有竞争力的公司。虽然在其成功后它已经是一个全球化的大公司，但是它却没有做好全球化的战略布局，这无疑是相当失败的。

最后，他们在挣扎中求生存的时候却将公司的战略方向定错了。其实UT斯达康为了摆脱业务单一的格局，试图要进入无线、宽带和IP等通讯领域。这一策略直接导致了公司人员规模的扩大。2004年，UT斯达康全球员工增加至8200人，是2000年的5倍多。后小灵通时代，UT斯达康在其战略定位和战略选择上，缺乏对外部环境的充分认知，同时，对自身资源和能力过于乐观，并没认识到已有的条件不足以支持它获得持续竞争的优势。从2005年开始，随着小灵通在国内市场的迅速萎缩，UT斯达康投入巨资试图向3G和IPTV转型。后来的事实证明，UT斯达康的经验主义并不成功。在3G上，UT斯达康既不具有先发优势，也没有多少厚积之基。而在IPTV领域，问题同样存在。到目前为止，IPTV相关的商业模式还处于培育阶段，技术标准尚不成熟。更为重要的是，IPTV的推广还存在着许多政策上的制约，特别是与广电的合作涉及相当复杂而敏感的政策问题。UT斯达康把未来的宝押在IPTV、3G和手机上，无疑是对自身能力和外部环境缺乏清醒认识的错误决定。因此，UT斯达康制定的只是一个根本无法执行的“理想蓝图”。种种原因导致这个神话最终的终结，其实原因无它，就是这样一个值得我们深思的一句话：人无远虑，必有近忧。

那么从这个事件上我们能知道些什么呢？又有哪些东西值得我们思考呢？其实一个企业发展需要独特眼光的同时，更需要有长远的眼光。一个具有持久作战能力的发展战略，于一个企业来说就是一条平坦广阔的大道，一直能通向成功和强大。那么一个好的发展策略的制订我们要遵循哪些原则呢？

首先，一个公司的发展必须要有一个具有大局观的策略。目光狭隘这是如今很多企业发展的通病，企业的战略谋划本来就必须要立足于全局来思考，它不能只是关注一个狭小的部分，而是应该涵盖这个企业的所有方面。企业的战略谋划应该能够准确地定位企业在这个市场中的位置，在不同的时期有着不同的变化，能以长远的眼光来看待企业现在的发展，并且最重要的是要对公司未来的发展能够有着一个大局上的定义。这个策略不应居于一隅不思进取，无论什么时候都要将自身放到全局中去思考。这样才能使企业发展的过程中更加与时俱进，不脱离大局。

再者，就是企业参与市场竞争的技术、产品或服务一定要有自己的优势所在。这个优势性不是自己和自己比，而是要站在行业的高度、用全球的标准来审视。同时，这个优势还必须和对手去比。如果某些方面有一定优势，那就要从战略的高度去强化优势，拉大与竞争者的差距。只有具备了充分而明显的先进性，才能成为市场的主导者，企业也才有机会做大做强。如果没有优势，那就必须采取强有力的措施，提升自己的优势；如果经过努力，根本没有可能超越竞争者，那就应当从战略上做出调整或放弃决策。总之，没有在本行业中的重要地位和先进性就没有真正的竞争力，局部的成功也是暂时的，必将走向衰败。只有保持优势性，我们才能一直走在对手的前面。这是企业核心竞争力的具体体现，在具有这样的优势性的同时我们更应该做的就是要继续去保持这种优势性，并且能不断地去提高它，运用长远的眼光在发展优势性的同时再去创造更多更大的优势。而这就是我们持久性的具体体现。

俗话说："桃三李四杏八年，核桃挂果要十年。"为了吃桃子，三年前就要种桃树；为了吃李子，四年前就要种李树。当企业正处在顺风顺水中时，一定要有风险意识和忧患意识。在知识经济的大背景下，市场可以说是瞬息万变、危机四伏，如果企业稍微放松警惕，一个巨浪过来就会"船毁人亡"。因此，企业对未来进行谋划是头等大事。企业对未来的问题不但要提前想到，而且要提前动手去解决。

其实不难看出，以上的总结无非就是这样的一个道理：眼光长远，把握全局，持续发展，积累优势，坚决奉行。古往今来成大事者，无一不是战略大师。战略乃通盘谋划之意，必须立足高远、切实可行。战略是楼盘的图纸、行军的地图，对于企业则是持续经营的生命线。如果企业能够做到这样的发展战略，何愁不能壮大，又何求不能发展？

二、认准了，就去做

都说世上无难事，只怕有心人。困难在毅力面前是不堪一击的。水滴尚且石穿，人认准了目标就更要持久地去努力，直到成功。有人说一个企业也是有个性的，它来源于企业的核心战略，只要这个战略有着很坚定的目标，很明确的前进方向，那么它的成功必将会到来。没有明确的目标，持久战的战略就无法进行。

所以，请务必做到：认准了，就去做；不跟风，不动摇。

认准了，就去做，讲的是判断力和行动力——要正确地判断形势与机会，一旦看准了，就要付诸行动，患得患失只能坐失良机。不跟风，不动摇，讲的是远见与定力——能看市场机会和利益的企业有很多，但能坚持到底，不为眼前利益所动，不因一时困难而变节的却很少，所以多数企业的成功都是昙花一现，然后立刻被淹没在商海中了。

英特尔创始人安迪·格鲁夫有一句名言：“只有偏执狂才能生存。”正是因为他的“偏执”，所以英特尔成了芯片业的领导者，并将领导地位保持至今。卡耐基也曾经说过：只有偏执狂才是成功的。其实在企业的发展过程中我们就是要有这样一种偏执，一种能够坚持到底的决心，眼光长远，坚定不移。企业的发展必然是一个长久的过程，能够在这个过程中，踏踏实实地走过来，这个企业的成就也必定是令人瞩目的。

在全世界拥有无数用户的百度公司的创始人——李彦宏就是一个能够为自己的目标不懈努力的人，在百度的发展过程中有着许许多多利益诱惑，但他都一一放弃了，而是执着于百度的壮大与发展，不仅他的坚持是值得肯定的，更重要的是他能够做到真真正正地不动摇，这才是更可贵的，那么他到底是怎样发展百度的呢？

百度的发展与它的创始者李彦宏的成长经历有着十分紧密的联系。可以说是李彦宏的性格和人格魅力造就了百度的成功。其实人们都只看到百度上市成功后的李彦宏，却很少有人关注到，李彦宏是在美国工作最得意之时，毅然放弃外国公司丰厚的待遇和期权，回国创立了百度。他是一个一直都很成功并且能不断否定自己的成功从而获得更大成功的人。如果我们追溯李彦宏本人的成长往事，我们看到的，是“一步一个脚印地渐进：实用的理想主义或者理想的实用主义，缜密的自我设计里有对环境的敏感和参照，亦步亦趋里不忘自信自我；而且，在每个阶段，都有充分自觉的目的性，有播种有收获”。

在早年的互联网搜索引擎的行业中，谷歌无疑是行业的老大，而当时在美国的李彦宏也是对谷歌十分的钦慕。他一直在向谷歌学习。而在美国工作学习的8年间，李彦宏也被西方文化所深深地改变，他接受硅谷的商业文化，并在转换自己的价值观。李彦宏亲身感受了硅谷的腾起：他先后担任了道·琼斯公司高级顾问、《华尔街日报》网络版实时金融信息系统设计者以及国际知名互联网企业——Infoseek资深工程师。他为道·琼斯公司设计的实时金融系统，迄今仍被广泛地应用于华尔街各大公司的网站，他最先创建了ESP技术，并将它成功地应用于Infoseek/gocom的搜索引擎中。

在美国拥有极好工作前景的情况下，李彦宏却做出了惊人的决定——回国创业。他回到北京，创建了一个默默无闻的互联网公司，伴随诞生的是一个不为人知的搜索引擎——百度。这意味着之前所有的成功都已经成为过去，现在才是真正的起点。

在创业初期，这样那样的艰难阻碍着李彦宏向前发展，资金短缺、人才稀缺等难题困扰着他。没有资金就寻找投资，减小成本；没有人才就自己亲力亲为，一个人当做几个人来用。在这样的努力下公司取得了很大的成功，而后随着百度的名气越来越大，投资也有了，人才也吸引过来了。但是却仍然有很多问题困扰着他，互联网毕竟是新生的、非常有活力的行业。早年间对年轻的搜索引擎而言，曾有着非常多的诱惑诱使百度偏离执着追求做最好的搜索引擎目标的航线。2002年左右兴起的互联网无线增值业务、2005年的网络游戏，都是一旦进入就能立即赚到钱的“网络金矿”，但每每有人跟他建议涉入这些新兴业务的时候，他总是说：“搜索引擎的潜力很大，搜索引擎领域的竞争也很激烈，我们专心把搜索引擎做好就是一个非常不容易实现的目标，为什么要分心做别的事情呢?”

正是这样一份执着让他一直坚守在搜索引擎的道路上不曾停息，2005年8月，由于长久以来的专注如一，百度以中国最大中文搜索引擎的身份在美国纳斯达克成功上市，并开创了美国股市海外股票发行首日股价上涨新的纪录。

百度的成功看似相当的简单，没有惊心动魄的大型商战的经历，也没有发展过程中的一波三折，但是这样的成功往往才是最为真实的，因为没有多少人能够几年甚至十几年如一日地专注于一个领域。有人评价百度的成功在于：目标明确，市场定位准确，而且头脑冷静，不跟风，不抢潮。用这句评语描述其创始人李彦宏的性格特点也是非常适当的：他知道自己想要得到的是什么，他一直坚信ASP商业模式必将获得成功，他知道自己所专注的、而别人做不到同等程度的就在搜索领域。在互联网高潮时，他能预言对于国内公司的烧钱做法，国外的投资人要吃亏；在互联网低谷时，他能鼓励员工不要看到眼前利益要把眼光放得长远些。虽然经历恶风巨浪，李彦宏承受了来自各方的压力，但他掌舵的百度一路乘风破浪终铸辉煌。

百度的发展更多的是与本土公司发展有着格格不入的创业因子，它带有浓烈的硅谷文化气息，并在中国本土得到了继承和发扬。没有严格的等级观念，可以自由地发言。随着公司的扩大这种文化还在延续，但一旦讨论成为决策时，员工就要不折不扣地执行。

2000年1月1日，李宏彦面对5个员工宣布了两条公司制度：公司里不许抽烟和带宠物。共同的海外背景面对同样的本土环境，李宏彦和合作伙伴徐勇分别负责技术和销售，4年来一直是密切合作与互补的关系，虽然有分歧，有争吵，但遇到困难时大家会同心协力一起扛过去。

在浮躁的互联网产业，李彦宏以一种另类的平和心态，不急功近利，不随波逐流，在搜索领域中专注经营自己这“一亩三分地”。

可以说百度的成功源于它对发展目标的坚持，抛开其他的有利因素不说，作为一个公司的老总能够在诸多利益的引诱下仍然坚持自己所想，追求最初的梦想，这样的人就是可敬又可爱的人。其实想做成一件事并不困难，困难的是你能不能坚持做下去。也许当时很多人笑话他的死脑筋，但是当初笑话他的人现在又有几个人的成就比他高。

所以在发展的过程中，请务必要做到：认准了，就去做。很多人在前进的道路上因为路边的美景而偏离了道路，或者停下了脚步。只有少数人在欣赏周边美景的同时还能稳定内心，继续前进，甚至因为这些诱惑的存在而更加坚定内心，迈着更大的步伐向前进。而往往就是这样的一部分人才能取得巨大的成功。

在分析成功的同时，我们往往还要更多地总结失败者的原因，所以反面案例也比比皆是，不仅自己讲不清楚“南德”是干什么的，而且别人听其言、观其行之后仍摸不着头脑。以往失陷的企业当中亦有不少这样的故事：德隆的整合产业，三九的低成本扩张，各种企业的资本运作等等。其掌门人大多自己的一句话都说不清楚，同时，从媒体到投资者对企业亦如盲人摸象。

也许有人会问，企业发展不是也提倡多元化的发展吗？企业发展的过程中不是不能走向多元化的道路，在持续战的核心精髓中就有过类似的战法，但那是建立在很科学地分析之上的，毫无目的地去发展所谓的“多元化”最后只会是什么都得不到，其实认准目标并不是指一条路走到黑，而是这个目标真的具有很大的价值。有这样的目标我们才能持续地走下去。认准目标，不懈地努力是要有前提的。

古人就曾分析过，想要做成一件事要有这样的三个要素：天时、地利、人和。

那么就让我们从天时开始说起，我们都说“时势造英雄”，任何逆历史潮流而动的行为都被证明是螳臂当车，最终会被时代大潮裹挟吞没，顺势而为则事半功倍，屹立于时代潮头，历史上的杰出人物多半如此。这就是天时的重要性，就像我们不能在当今高科技时代的背景下，去推行古代落后的技术一样。倒行逆施只会死得很惨。

其次是地利，任何人都不能脱离环境而存在，主观能动性也受到客观条件的反作用，所以要认清自己周遭的现实，因地制宜，不能将以往的成功经验原封不动地照搬。最典型的比如跨国企业的“本地化”，将发达国家的经验应用于发展中国家未必管用，所以跨国企业多半采用本地人管理当地的分支机构。

最后是人和，俗话说“一个好汉三个帮”，个人英雄主义、单打独斗被诸多事实证明是行不通的，每个成功企业都有若干个志同道合的创业者；包括求职也是一样，这个公司的文化你是否认同，是否能够融入进去，决定了你是否会选择这家公司，或者能否长期安心在这里工作。

一个好的事业，不一定必须有一个好的开头。为自己的目标制定出一个切实可行的步骤，然后勇敢地迈出第一步，这就成功了一半。国外有调查发现，在某件事情上取得了成功的人中，有80%都表示当初如果多考虑几天，也许就不会做这件事了，正是因为尽快投入精力干了起来，造成"箭在弦上，不得不发"的局面，才变得义无反顾，最终取得了成功。俗话说"万事开头难"，在瞬息万变的市场中，良机稍纵即逝，即使很多现在看起来是好机会的事情，再过一段时间可能就已经不值一提了，但越好的机会往往伴随着越大的风险，所以一旦在上一步骤中看准了方向，就不要太过思前想后、患得患失，要舍得放掉手中拿着的东西，才能抓住你真正想要的。这就是我们要注意的，一旦决定，就要尽快列出行动步骤，并勇敢地迈出第一步。顾前顾后，畏手畏脚，成功早就离你越来越远了。

就如推着装满货物的大车前进时，人必须低头弯腰，放低重心，尤其是上坡路，抬着头推车是使不上劲的。这么说绝不是反对抬头看路，但看路不是无目的地左顾右盼，而是在认准目标、选准方向之后，在前进过程中进行必要修正。要明白，我们不是空手上路，我们背负着责任和命运，而且还有很多与我们一同赛跑的竞争者。

世间万物，伟大只是一种简单，只有真实才不怕简单，复杂的东西特别容易“好看”，但好看的后面往往是荒唐和陷阱。

有道是“有志者立长志，无志者常立志”，很明显好公司都是有“主心骨”的，有自己的目标，有长远的规划，绝不会因为一时一地的利益而轻易改变。盲目“多元化”，绝不是志向远大的人之所为。利用好持久战的核心战法，认准目标坚忍不拔地向前进，未来的日子必然很精彩。

三、审时度势，独断行事

看到标题，其实大家可能早已产生了怀疑，这不难让我们联想到：独断专行、一意孤行、专制蛮横等词语，陡然让我们在心中产生极大的抵触心理。其实不然，我们这里的独断指的是经过深思熟虑后的果敢，而不是在遇大事时还在听着一群人的无所谓的表决，不仅浪费了最佳的反应时机，还让我们自身头脑混乱，百害而无一利。当我们遇到大事或难题时，请你果断地反应出手，否则也许是你的利益全部被占，也许是你自身不保。

美国总统林肯，在他上任后不久，将6个幕僚召集在一起开会。林肯提出了一个重要法案，而幕僚们的看法并不统一，于是7个人便热烈地争论起来。林肯在仔细听取其他6个人的意见后，仍感到自己是正确的。在最后决策的时候，6个幕僚一致反对林肯的意见，但林肯仍固执己见。他说："虽然只有我一个人赞成但我仍要宣布，这个法案通过了。"

表面上看，林肯这种忽视多数人意见的做法似乎过于独断专行。其实，林肯已经仔细地了解了其他6个人的看法并经过深思熟虑，才认定自己的方案最为合理。而其他6个人持反对意见，只是一个条件反射，有的人甚至是人云亦云，根本就没有认真考虑过这个方案。既然如此，自然应该力排众议，坚持己见。因为，所谓讨论，无非就是从各种不同的意见中选择出一个最合理的。既然自己是对的，那还有什么犹豫的呢？

在人生中，我们不可能做到十全十美。所以必然会有这样或那样的人不理解我们，甚至是敌视我们。同样的在企业中，也经常会遇到这种情况：新的意见和想法一经提出，必定会有反对者。其中有对新意见不甚了解的人，也有为反对而反对的人。一片反对声中，领导者陷于孤立之境。这种时候，领导者不要害怕孤立。对于不了解的人，要热忱，耐心地向他说明道理，使反对者变成赞成者；对于为反对而反对的人，任你怎么说，恐怕他们也不会接受，那么，就干脆不要寄希望于他们的赞同。毕竟做到让所有人赞同是十分困难的，与其把时间浪费到得到他人的认同上，还不如将这些时间投入到已经决定的策略上，去努力完善它，并且取得成功，最后再用实实在在的成功堵上那些反对者的嘴。所以必要的时候我们要懂得决断。其实很多时候，重要的不是你做的决定到底是不是让人赞同，而是你的提议和决策是否正确，所以只要真理在握，就应坚决地贯彻下去。

其实，决策是不能由多数人来做出的。多数人的意见是要听的，但做出决策的，应该是一个人。《商君列传》有云：“至德者不和于俗，成大功者不谋于众。”“成事者不谋于众”的意思是：要成就大事，不应该去听从身边人的意见或者建议。考虑他人的意见是在已经决定了的前提下，而不是将时间浪费在无所谓的反对声上。成大功者不谋于众，这是谋事的另一种情况。这一原则通俗地说，就是谋求特别重大的事情，不必与人商量。因为谋求非常重大事情的人，自己必定有非同一般的眼光、心胸与气度，自己看准了，去做就是了，如果和别人商量，反倒麻烦。在企业的谋划中也是这个道理，正所谓：成事在谋，谋事在人；先谋后断，多谋善断。谋划对于一个企业，对于一场商战来说至关重要，能够审视时机，果断出手，及时地做出反应，才能把面临的危机转化为利益。

毕竟决断只是一个人的事情，而不是所有人的事情，如果秦孝公支持商鞅变法还要去考虑大臣们的想法，历史上就不会出现商鞅变法这一幕了。在当时秦孝公支持商鞅改革，秦国的大臣都不太支持。而商鞅就对孝公讲了这样的一番道理，他说："对于一般人，事情开始的谋划，和他们谈不拢，只能成功之后和他们共同享乐。讲究崇高道德的人，不附和于俗人，建立大功大业的人，不必和普通人商议。能使国家强盛，旧的章法便可换一换。"这足以见商鞅的真知灼见。他明白适当独断的策略，而孝公也是明事理之人，果断地赞同了他的想法，正是两人这样审时度势，当机立断，秦国才强盛一时。

虽然当时还是有大臣提出了很多意见，但是商鞅这样回答："平庸的人安于现状，平常的读书人局限于自己的见闻，这两种人只能守着现在的摊子，实在不值得跟他们谈现实和他们知识之外的事。有智慧的人可以为国家制订新的法规，平庸的人只能看守现存的局面；贤明的人能更改制度，无能的人只能拘泥于现状。”也许商鞅这一套见解太狂了点儿，但确实是既深刻又合实际，说出了成大事者不谋于众的道理，所以他在秦国的变法成功了。他用事实证明了他的理论的伟大，封住了那些反对的声音。

陈胜的成功也是这样的，同为长工，当他说出起义之事时，所有人都嘲笑其自大，但是他在心里其实是鄙视这样的一群人的，所以他当时就说出了这样的两句话：王侯将相宁有种乎？燕雀安知鸿鹄之志哉！来表达了他的意志。所以当我们认为自己是正确的时候，我们就应该坚定自己的想法，不要管他人的意见，其实殊不知，他们的见识浅薄，只会误事，所以正是这样的独断行事，在陈胜最终成就了一场轰轰烈烈的农民起义的时候，那些提出反对意见的人却早已淹没在历史的长河中去了。成大事者不谋于众，对于当事人来说，虽然未与人商议，在他本人却必是深思熟虑的。另外，他必须具有成大事的才干和能力，他胸中之谋还必须合乎事物发展的规律。如果仅仅是自以为了不起，不知天高地厚，那只有搬起石头砸自己的脚。

当然，独断的魄力是来自于对现阶段的具体情况的具体分析和深思熟虑之后，而不是盲目的欠缺思考的决断，否则那就真的是独断专行了。这样的例子实在是太多太多，下面让我们从一个反面的案例中来更加深切地认识欠缺思考的独断的危害性：

19世纪80年代，蒙哥马利·沃德在当过百货店经理、纺织品推销员和旅行推销员后，总结了自己工作上的经验，发现当时农民对低价格、多品种商品的需求，于是在芝加哥创办了全美第一家全部通过邮寄来销售各种商品的公司——蒙哥马利·沃德公司。在其他人正犹豫不决是否进军这一空白市场、分析进军后的得失的时候，他果决地开始起步了，当别人终于决定进入这一市场的时候，却发现自己新生的公司早已无法和沃德建立的公司抗衡了。这个时候的沃德无疑展现了他十分果敢的一面：善于抓住时机，独断行事。

但是企业的发展不可能是一帆风顺的，美国经济出现严重大萧条的时期，给蒸蒸日上的沃德公司当头一棒。而与美国另一位邮购业巨人西尔斯公司相比，1932年沃德公司的亏损是西尔斯公司的2.2倍，营业额只是西尔斯公司的65%；而到1939年，沃德公司的利润则是西尔斯公司的84%，营业额是西尔斯公司的82%。

那么为什么一个老牌的公司在危机中的生存能力比一个后起的公司更不堪呢？问题首先出在埃弗里静待时机不求发展的策略上。二次大战以前农民被视为主要的市场，沃德公司的商店大多开设在乡间小镇上。然而，二次大战以后，人口的增长主要集中在大城市，尤其是近郊。购物中心如雨后春笋般涌现，并不可避免地从小型商业区那里抢走了不少生意。在这一市场形势发生重大变化的时期，沃德公司却拒绝扩大经营，拱手把大好市场让给了西尔斯公司、彭尼公司和其他竞争者。就在公司内部呼声不断的时候，他却还在坚持自己的思想，不会根据实际的情况而加以改变。

其实最大的问题是出在自1932年以来一直担任沃德公司董事长的休厄尔·埃弗里身上。埃弗里有一个不可动摇的顽固信念，那就是他认为就像在第一次世界大战后发生了经济大萧条一样，在第二次世界大战结束后美国的经济肯定会再次遭受另一次巨大的冲击，所以为了避免在尚未到来的第二次经济大萧条时期，公司再次遭受巨大损失，他紧缩战线，搁置所有寻求发展的措施，一味地防守，等待他预测的大萧条的到来，就这样在别人迅猛发展的时候，沃德公司却在原地踏步甚至在慢慢衰弱。这时公司内部也出现了许多声音，来规劝他改变观念，但他一意孤行，结果他预料中的大萧条迟迟未能出现，甚至经济发展出现了井喷式的发展时机，结果在“大树”旁的沃德公司却始终等不到撞死得“兔子”。时机不来，本该及早调整策略，但埃弗里坚持要耐心等待，由于埃弗里采取了袖手旁观的态度，沃德公司便失去了发展良机，没有能够进入兴旺的大城市，像西尔斯公司那样的任凭竞争对手长时期内在毫无压力的情况下扩展其力量。不得不说这是一次坚持己见的败笔。

沃德公司的销售和库存的比率持续下降，而西尔斯公司的这一比率却逐年上升。库存上的这种缺陷又使沃德公司大大落后于西尔斯公司。埃弗里的不求发展和过分节约成本的保守政策给沃德公司造成了极为严重的后果。于是我们得出这样的一个结论：沃德公司由于厄尔·埃弗里的独断专行和错误决策遭受了巨大的损失。

其实，一个公司的兴衰很大程度上取决于决策层能否制定出正确的经营方针。由于厄尔·埃弗里对于自己的预见固执己见，缺乏对二次大战后的经济趋势的正确分析，在本应该放开双手大展拳脚的黄金发展时期，却制定出了“防御”和“保守”的经营策略，这给竞争对手以有利时机可乘，迅速扩大战果，造成沃德公司无还手之力，市场份额大大缩小。这样的独断专行在如今的企业发展中是绝对不需要的，因为很多情况下做出独断的决策时，是伴随着相当大的风险的。我们不能将一个企业的发展大事寄托于一个人的决策上，有能力固然可以减小风险，但是有的时候我们还是需要听听他人的意见，在结合他人意见的情况下，再去执行自己的想法，这样才可以做到事半功倍。

这个案例虽然已经过去了很久，但是它要告诉我们的道理却愈加的明显清晰，不是所有的独断都是可取的，也不是他人的建议是不能听取的，我们更应该注意的应该是下决断的时机和思考。我想任何一个伟大的决断绝对不是遇到问题时摸摸脑袋就能转眼之间想出来的，而是需要思考的。

在过去的许多年中，成功的人之所成功不仅在于他们有着过人的天赋，还在于他们能在最恰当的时候和最恰当地点把握住机会，果断地做决定，把握时机，将自己的名字载入历史。审机独断，在很多时候比听取许多人的表决更好。何不将时间更多地利用在已经决定的事情上，而不是浪费在那些思路不明确的人身上呢？而真正能懂得你决断的理由的人，他是不会有时间让你听听他的看法的，他只会在你的身后拍拍你的肩膀说：去做吧！是的，大事当独断，小事依众议。

四、知人善任，将能而君不御

如果企业是一方蓝天，那么人才就是天上翱翔的雄鹰，只有给予他们更多的空间他们才能飞得更高更远。曾听说过一句话：垃圾是放错了位置的资源。其实每个人都是人才，放对了位置那么就能创造出最大效益。人才的紧缺是当今企业所面临的广泛问题，想要吸引人才，留住人才，就需要一个能够知人善用的管理者。

知人善用其实自古有之，孙子兵法有云："将能而君不御者胜。"意思是说：将帅有才能而君王不直接驾御的情况下才可以取得胜利。这反映孙子亦懂得无为而治的道理。

当一家公司发展至相当的规模，公司的创始人必然会和前线有一定的距离，不可能什么都能掌握，可以随时发号施令，他必须把权力下放，让有才能的将令分摊具体的领导工作。

将有才，而君不御。不是说将领有才能就会功高震主，所以君不御指的是一位明君他会给自己有才能的手下更多的空间去发展自己，去展现才能，同时也为自己创造更大的利益。将能君不御，说的虽然是战事，但是企业管理也是这个理。企业领导者为了发挥下属积极性，要把一部分经营权分给下属，让下属自己管，而不要御之太甚。一位企业家说得好，高明的厂长，不要只满足于自己有权威，而是要手下的头头脑脑也都要有权威，要舍得往下放权。不舍得下放一些权利，而一味地搞类似封建主义的集权专制，不仅自己会忙得晕头转向，还不一定能取得好的成绩。

现今的商业发展中，需要注意的事情太多太多，需要一个管理者去决断的也太多。一个大企业的领导者，所经营的事是十分繁重的，有经营决策之事，领导指挥之事，一切事情假如都要企业领导者来管，而不是把一部分权交给能者去办，领导者纵有三头六臂也是难以胜任的。所以善于发现人才，发现自己手下有才能的将领，然后能够主动地下放权利，让手下的将领有相对自由的空间去做出决定，不仅是在给自己释放压力，也是在锻炼一个能够独当一面的虎将。将人才的培养与为自己分忧解难相结合，无疑是明君所为。

再仔细分析这样的一句话，将能君不御，把它当做一种行事的原则，这句话是绝对的，但是当我们把它利用到平时的具体措施上时，他又是相对的，为什么这样说呢？因为，御与不御不是绝对的，要因人而异，因时而异，因地而制宜。它是需要一定的前提的，要做到不御显然不是那么简单的，什么情况不御，什么情况御，不御时就要不御在恰当之处，御时要御在点子上。即使将能，也不是说什么事君都可甩手不管。就全局而言，主要的工作也是要管的，在不危及企业全局利益情况下，局部的一些工作可归属下属管，或虽属全局性工作却授权给下属做的可以不御。

而显然，不御是有前提的，我们从这句话本质上去分析，不御显然是需要“将能”，这样将能君不御这个命题才是正确的。但是如若将不能，那我们就遇到难题了，将不能时我们要不要御，该怎么去御，就又有一番讲究了。那么这个时候，作为管理者，当一个人他不能胜任某项工作的时候我们显然就不能放权给他了，而是应该根据他的实际情况去给他安排一些工作，当然了，我们能够将他招进企业显然是因为其有一定的才能，这个时候作为管理者的我们就要能够去发现其长处所在，让他在自己力所能及的岗位上为我们工作的同时再去积极地培养他的才能。正所谓：是金子总是要发光的。当他的能有了更大的进步的时候，我们就要适时地给他更大的权力去做事。这样在你的培养下又是一个有才能的将才慢慢地成熟了。

细细咀嚼，不难发现：将能君不御，与其说是君对将的才能的审核问题，从一定意义上讲，还不如说是对君的才能的审核问题。将是被君而用的，有能之君才能用有能之将，无能之君用不好有能之将，有能之君在使用无能之将时可将他的无能变为有能。无能之君纵然用了一个有能之将，但该御时不御，不该御时却拼命御，使有能之将的手足被御得死死的，导致有能之将变为无能之将。所以，重要的是，作为“君”，要努力提高自己的水平。

一直以来，诸葛亮在我们的心目中都是善于用人的典范，但也有失误处。显然我们不能要求一个人是十全十美的，但是诸葛亮在对魏延的态度和对马谡的态度中却有着截然的不同，他对魏延疑之过甚，其实魏延是很有才能的；对马谡却又过于信任，而不知他没有真才实学。这里就可以看出他在用人上还是存在一定问题的，我们有必要通过诸葛亮在对待魏延、马谡的问题上，很好地来总结一下如何运用“将能君不御”这项原则。在出现他那样的问题的时候，我们要去积极发现问题的所在，及时地做出调整而不是一味地错下去。

商场中，大家更喜欢把用人的问题比作是一种领导的艺术。用好人，做好事，就是一个优秀的企业家，管理者应该学会管理这门艺术。把用人的技巧当做一种表演来完成，会比枯燥的用与不用让人更加信服。当然，这里的表演不是指对用人的技巧不看重，如若将能，则君把权授给他，而且放手让他干，对将来说所得到的是一种被信任感，进而可以激励这位将去做好工作。这是高明的领导行为，比睁大眼睛死盯着将干工作高明。人也是一种动物，所以他也拥有着动物的一些本能，就像孔雀有开屏以显示自己美丽的天性，人有毕其才做好工作以显示自己能耐的愿望。在一定的标准要求下，放手地让将去做工作，君不御将，将的聪明才智才有可能被全部表现出来。

如果一个管理者能够做到以上说的种种，那么他一定是一个优秀的管理者，但还不能称之为一个成功的管理者。为什么这样说呢？因为，在这里还有一个问题需要说及，那就是作为管理者，不能对自己的员工或者说是助手取得的成就产生妒意。嫉妒为六恶之首，也是我们很难摆脱的一种情绪，但是对于他们的成就我们不能采取不当行动，比如收回已下放的权力，或调动其工作，或故意设置事端为难下属。这样的做法，只会让为我们尽心尽力付出的“将”心寒。那他如何愿意好好给我们继续工作下去呢？古人就曾说，有人不用，谓之妒；用而不信，谓之伪；用而不帮，谓之过。将能君不御，当领导的要当开明君，不当妒才君，独断君。相信只要能够一如既往地相信“将”，利用温和的手段去安抚，激励“将”，管理者与员工之间的和谐关系定会更加稳固。这对企业，对整个公司都是好事。

以上分析主要是从一个管理者的角度来说的，但是另外一方面，作为“将”来说，又应该注意些什么呢？首先，作为一个将领必须珍惜君所给予的权，玩忽职守，滥用职权，显然不是一种正确明智的做法。作为一个将领应该牢记君给予的恩惠，不能辜负君的一番期望，要认认真真，做好每一件事情，努力为君分忧解难。这才是一个将应该做的。

当然，君也不是时时都是正确的，为将的，这个时候就必须挺身而出，而不应该没有自己的思想，唯君命是从。忠诚不是建立在事事唯唯诺诺上的，而是建立在敢想敢做为君解忧之上的。孙武曾说：君命有所不从。这不是对君的忤逆，而正是对君的忠心耿耿，才不能让君向错误的方向走下去。在现代，领导与被领导者之间民主性更强了，在生产经营活动中，更应该允许“将”见义而行不待命。

那么“君命”在什么情况下可以有所不受呢？引用孙武的分析可以概括为两条：

1．战道必胜原则。为取胜，君命不符合实际的可以不受，他在《地形篇》说：“故战道必胜，主曰无战，必战可也；战道不胜，主曰必战，无战可也，将可以出击。”

2．“利合于主”的原则。利合于主，就是利于国，利于战争全局。凡“利合于主”的，对君命就可以有所不受，这也是孙武的观点，将其推广到如今的商业战场中也是十分适用的。它们是相辅相成的，只有其一，另一个也是空谈。所以君命有所不从并不是那么简单容易的，随随便便的不受君命就是对君的挑战，虽然现在人们提倡人人平等，但是达者为先，作为管理者，肯定在某方面做的比将好，将想要在这样优越的环境里发展，就不能草率地“不听君命”。

那么我们来比较一下这样相似的两句话：“将在军，君命有所不受”与“将能君不御”，可以发现，这两句话含义大体相同。从主体说，前者似乎是从将角度说，当将在军情非常的情况下，为了国家利益，你作将的能不能，敢不敢对君命有所不受。当然，这话对“君”也有要求，要求君作明智之君。

其实，作为一个聪明的将领，在生产经营活动中也应贯彻这个原则：将在外，君命有所不从。很多时候外出办事，比如与外单位洽谈业务，到市场经销一批产品，都存在“将在军，君命有所不受”问题，有利于君不待命的问题，不然，会贻误战机错过经营取胜的机会。即使“将”不是在外出情况下，在非常情况下，为了企业利益，在需要当机立断的情况下也要敢于作主。作为将领的应该把如何对君有利的方向作为自己前进的方向，即使有的时候这个方向上甚至有君的阻挠，但是也要坚持地走下去。

有这样两个例子，充分说明了“将在外，君命有所不受”的道理：

1. 一家企业销售人员发现市场上出现一种技术产品，市场十分看好，前景广阔，他想把它买回来组织批量生产，为公司占据主动，但是由于那毕竟还是一种没有经过市场考验的新技术，也存在着一定的风险。在这样情况下，这位销售人员在犹豫了一阵后，他决定请示领导，谁知这一请示，就错过了时机，该项技术被另一家企业买走了，结果该技术被那一家企业运用后赚了大钱。这即是一则没有运用好这个道理而错失良机的例子。

2. 某企业的领导在决定了参加某展销会的人选后外出了，把日常工作交给一位副厂长主持。事有不巧，展销会召开前夕，原领导确定的参加该会的销售科长因病去不了了。如何解决这个问题呢？会必须参加，想请一位年轻的销售人员去，但多少有点不放心，想请示领导，时间又不允许了。这位主持工作的同志最后还是请那位年轻人去参加展销会了。事实是，这位年轻的销售人员，在展销会上表现得很好，做成了好几笔买卖。事后，该企业厂长夸奖主持工作的副厂长这个板拍得好，见义而行不待命，不待命得好，这就是一则成功运用“将在外，君命有所不受”原则的例子。

为了使企业兴旺发达，企业家要运用将能君不御的原则取胜，运用将在军，君命有所不受的原则取胜。在适当范围内，给予下属以足够的空间去尽情施展才华，这样的老板又有几个员工不喜欢呢？员工又怎会不尽心尽力去为公司服务呢？他们还会不为公司创造更大的效益吗？千里马只有遇到伯乐才能彰显风采啊！

其实做好企业，善于用才是第一位的。在企业的人才管理上有着这样几个重要的字：需，需就是有利可图，激励条件能满足员工的某种利益；能，能就是力所能及；信，信就是言而有信；值，值是指付出和回报相称，是相对员工投入精力去做其他事情的机会成本而言的；孟子说：不患寡而患不均。受到公平对待是所有人内心深处的基本精神诉求。做好这几点，人才的利用管理就称得上是知人善用了。但要达到孙子所说的境界还是有着相当大的差距的，这就要我们持续向前进，去学习。在持久努力的过程中更加知人善用。人和，再加上天时地利，怎愁在商场中不能战无不胜呢？

第五章

持久战制胜策略（一）：由防守到进攻

一、高效能的防守策略

“以守为攻，以退为进。”出自三十六计之败战计，是一种以放弃为手段的迂回战术，自古以来在政治、经济、商业方面被广泛运用且取得很大成功，被称为一妙计。二万五千里长征是值得我们骄傲的一件事，殊不知，这其实是红军采取的防守策略。

前面所说的“蓄势”，本质上也是一种防守。当企业暂时不占上风时，要懂得回避，即是“蓄势”，俗话说：识时务者为俊杰，该防守的时候必须防守。

眼看时机对自己不利，还硬着头皮往前冲，只能是搬起石头砸自己的脚，聪明的人都知道，这个时候要采用迂回战术，由进攻转为防守。如果企业还是一味地采取进攻战略，不愿意放弃自己已占有的领地，进攻又没有实力，这样前怕狼后怕虎，最终只会使企业什么也得不到。企业领导者最重要的一个能力就是能够在关键的时候学会放弃，放弃的能力不是所有领导者都能具备的。当然，不愿放弃也是人之常情，眼看自己好不容易打下来的江山就要被别人占领了，心里肯定不甘。但是，如果换一种思维，现在放弃一小部分，明天就会得到一大部分，这样看来，还是赚了。

罗丹勇于放弃，在费尽心机、付出血汗而雕琢出的巴尔扎克像面前，他毅然选择放弃，抡起大斧砍断了那一双举世无双的手，因为它以局部美掩盖了整体之美。

放弃现在的领域也就意味着企业要进行防守，在防守中不断积蓄能量，为以后的再次进攻做好准备。

市场竞争的激烈性，决定了企业的生存策略。与实力相当的企业竞争，当某一方面能力暂时缺乏时，要“退”。“退”并不意味着放弃，更不是懦弱的表现，这是一种策略，也是一种手段。与实力强大的企业竞争，更要学会防守，一方面要防着竞争者的进攻，另一方面又要不断地壮大自己，使自己有能力与之抗衡。

防守的过程，其实就是蓄势的过程，这就看企业怎样把握这个度了。防守，并不是一味地处于被动状态，更不是无所事事，否则只有“被打”的份。在防守的过程中，要不断地给自己积蓄能量，同时，也要时刻留意竞争对手的行为，从另外一个角度观察对手的战略，从而及时调整自己的战略方针，“知己知彼，才能百战不殆”。防守，切忌坐以待毙，否则，只会成为竞争对手的陪练工具，也只会让自己越来越渺小，最后被彻底打败。

防守，有“防”也要有“守”，防，即是防备竞争对手，这就要求企业擦亮双眼，提高警惕，要知道对手在干什么，也要预测到他们的行动方向，时刻准备迎接可能会到来的进攻。守，即是守住自己的阵地，企业在留意观察竞争对手的同时，也要把精力放在壮大自己的企业上面，提高企业内部竞争力，如果只是防着竞争对手，而不改善自己，提高自身防守的能力，只会顾此失彼，虽然预测到竞争对手要采取的策略，却没有应对的能力，这样也只能是束手无策，以失败告终。

在持久战中，又有哪些高效能的防守策略呢？

让我们先了解一下蓝色巨人IBM高效能的防守。

20世纪90年代的“大象起舞”使得IBM成为企业管理学界的热点话题。在过去的几十年里，IBM一直引领着全球IT产业。过去，IBM的技术创新已经多得让人眼红，现在，IBM的IT服务、电子商务、管理外包、“随需应变”等经营理念都在引领着全球IT行业。

商场中对IBM的效仿之风一直没有停，尽管那么多对手在后面拼命追赶，真正能威胁到IBM的却寥寥无几。IBM之所以能够一直保持行业领袖的地位，是因为它有高效能的防守策略。对于IBM的成功，我们可以总结以下几点：

1.实时响应市场环境的变化。企业要能够本能地感知市场环境的变化和随之而来的消费者需求的变化，并能够作出快速反应。IBM这股蓝色潮流之所以历经百年，澎湃不息，就在于它总是能够在产业发展的关键时刻，提出符合产业发展的概念，一次又一次地引领IT产业的潮流。

2.企业的战略要灵活可变。企业的发展不是一成不变的，这就要求企业领袖能够根据市场变化作出相应的转变。IBM的成功就经历了几次的转变，首先成功地向服务转型，其次涉足外包服务，最后成功地向随需应变转型。

市场环境竞争激烈，社会发展变化迅速，这些都给企业很大的压力，企业要想在高科技的今天有一席之地，就必须懂得灵活善变。当然，“变”也不能太离谱，不能凭空变化，是要有根据地变化，根据市场需求变化，根据市场环境变化，不管如何变，其核心价值不能变。

3.提高企业的结构壁垒。结构壁垒的存在，恶化了挑战者从其进攻中预期的收益。例如，由于通用食品公司的麦氏咖啡享有市场营销方面的规模经济，挑战者在取得大致相等的市场份额之前，将不得不承担相对较高的销售费用。这一极高的成本将会使挑战者进入此产业的预期利润低于通用公司，从而降低了竞争者进攻的可能性。提高结构壁垒的策略主要包括：填补产品或位置缺口、封锁销售途径、增加买方的转移成本、提高进行尝试的成本、建立与供方的牢固关系等。

以上讨论的防守策略特点各异，企业必须根据自己所面临的潜在竞争者，决定采用哪种防守策略。

企业究竟要选择哪种防守策略或者哪些防守策略的组合来增强企业的防守能力呢？当企业选择了必要的防守策略，又怎样才能知道这种防守策略是否有效呢？

首先，企业的防守策略要对买方有价值。防守策略是用来防竞争对手的，但是千万不能防买方，因为只有买方重视了，企业的防守目的才能得以体现。例如：如果企业增加了广告投入，却没有提高买方的认识程度或忠诚度，那么较高的广告费就不具有防守价值了，因为竞争者不会效仿此行动。如果防守策略在增加了企业竞争地位持久性的同时，还提高了差异化程度，那么，此策略就部分物有所值了。

其次，防守效果要持久。企业应当选择有持久效果的防守策略。具有持久性的防守策略，才能为企业赢得更多自我发展的机会，如果企业的防守策略不能持续运用下去，企业也只是像“纸老虎”一样，不堪一击。

最后，防守策略要能在一定程度上影响竞争对手的目标。企业应当选择防守策略，使其对潜在竞争者的特定目标产生显著的影响。但是由于每个竞争对手的目标不同，所以并非所有的策略都一样有效。例如，对于企业所有权结构相似的竞争对手有效的防守策略，对国有竞争对手可能完全无效。如果企业采取的防守策略，只是单纯的防守，或者只是让自己更加强大了，而没有对竞争对手构成威胁，那么，你强大的同时，竞争对手也在“补充能量”，最终结果还是你比不过竞争对手。因此，高效能的防守策略要能影响到竞争对手的目标，使其不能按照原计划前进。

海尔集团是我国家电行业的一家名牌企业，其前身是在1984年引进德国利勃海尔电冰箱生产技术成立的青岛电冰箱总厂。通过十几年的不懈努力，海尔发展成为拥有电冰箱、电冰柜、空调器、洗衣机等42个门类、8600余个品种的国家特大型企业。1998年实现销售收入162亿元，利润101亿元。

海尔集团的成功就是在持续的防守中取得的，海尔集团不断地创新、不断地发现新的商机，一方面为自己的快速发展铺平了道路，另一方面也扼制了竞争对手的步伐。它的防守使自己的能量不断充足，这也使其在激烈的冰箱大战、空调大战、彩电大战中仍能居于不败之地，从而维护和完善了“海尔”良好的企业形象，使“海尔”成为家喻户晓的品牌。

光有策略是远远不够的，还需要有战略，防守战略才是企业能够真正取得胜利的保证。防守战略是企业为巩固现有的市场地位、维护现有的竞争优势而采取的不冒风险、以守为攻、待机而动、战略明确的战略。防守性战略可以提高企业所有竞争优势的持久性。防守战略的目的通常是扼制，首先要防止竞争对手着手行动或者降低其行为的威胁性。企业必须确定哪些竞争对手是最危险的，以及它们可能选择的行为方式，只有据此安排，才能得到合适的防守策略。扼制的主要步骤概括为：

1. 彻底了解现存壁垒。现存壁垒的高度影响企业受威胁的程度。如果企业打算有效地利用壁垒，就必须对每一壁垒的特殊来源有明确的认识。

2. 预测可能的挑战者。知道谁是潜在的挑战者，对于集中且有目标的防守很重要。

3. 预测可能的进攻路线。例如，在芥末行业中，格瑞·波旁公司增加了广告成本，并以差异化的经营战略攻击法国的同行。由于法国同行的优势与其相当，与采用正面交锋的价格战相比，这种方法合理得多。

4. 选择防守策略封锁可能的进攻路线。在预测到对手可能的进攻路线后，企业就必须选择恰当的防守策略进行封锁。

5. 塑造企业顽强防御者的形象。这在无形中给竞争对手施加了压力，使竞争对手产生畏惧心理。

6. 确立现实的利润期望值。如果企业对利润的期望值不是现实的，那么，再好的防守策略也不能发挥成效。

防守追求的目标是立于不败之地，防守看上去是笨拙，但置身激烈的市场中，时时跟竞争者打交道，这种笨拙其实是有效的手段。就像置身于战场，杀敌固然能立功，但躲避枪林弹雨永远是第一位的。立足于不败之地是一个追求的目标，尽管这个目标是一个只能无限接近却不可能实现的境地，但如果没有朝这个目标不懈努力的意识，你就不可能在市场中成为优秀的企业。

防守不能从本质上解决胜负问题，防守只是为自己赢得更多的时间，利用这个时间，企业可以实时调整自己的方针战略、强化内部人员结构，使自己更有能力与竞争对手对抗。

“年轻球员上场只能靠防守，防守才能为你赢得上场的时间。”这是一名球员给师弟们的建议，这个规律同样适用于企业。中小型企业在遇到竞争对手时，往往不能与之正面抗衡，只能在暗地防守，以防被大型企业“吞掉”，中小型企业的首要任务就是“活下去”，因此，防守对其来说显得尤为重要，只要江山在，不怕不能东山再起。

防守，为自己赢得缓冲的时间，也仅仅只是赢得了时间，或者说是赢得了一定的发展空间，但光靠防守，企业是不可能完全取得胜利的，在防守的同时还要进攻。

Adidas从防守到进攻的战略转型就是光靠防守不能取得成功的极好佐证。自1980年开始，Adidas开始关注中国体育用品市场，且在中国设立品牌推广机构。然而在数十年的经营中，表现得却相当保守，始终没能取得较高的市场占有率。

之所以会有这样的结果，主要还是取决于Adidas在中国数十年的发展心态，即还是保持一种观望与探索中国市场的发展态度。观望与探索的过程也是一种防守的态度。

进入中国之初，Adidas品牌定位及网络建设思路与其在中国的长远规划与发展并没有发生冲突，但是，就是因为其采取的防守战略，使得它不能快速赢得市场主动权，也不能提高市场占有率，更别说实现利润的增长了。

Adidas在中国近20十年的市场防守，使其不再拥有体育用品行业的“第一领跑者”地位。但是，我们从其坚实的品牌基础、产品研发能力及市场运作能力来看，Adidas不应该始终与耐克品牌之间存在如此大的差距。究其原因，是因为Adidas不能像耐克一样敢于进攻市场，善于发现市场机会。

为了改变这一格局，2003年，Adidas在保持原有市场的基础上，又正式成立了新公司，统一管理整个华语地区市场工作。Adidas将中国区纳入全球战略的重要核心，改变以往过于保守的做法，从防守战略转向进攻战略，且抓住2008年北京奥运会这个千载难逢的机会，迅速扩大市场占有率及品牌渗透率，彻底摆脱耐克的正面攻击及其他品牌的侧面攻击。

正是由于Adidas的这一改变，才使得其在中国蓬勃发展。由此可以看出，企业的防守虽然重要，但是要解决实质性的问题还得靠进攻战略。

二、只有进攻才能解决胜负问题

毛泽东曾经说过：“只有决战，才能解决两军之间谁胜谁败的问题。这就是战略反攻阶段的全任务，反攻是一个长过程，是防御战最精彩最活跃的阶段，也就是防御战的最后阶段。所谓的积极防御，主要指的是这种带决战性的战略的反攻。”在战场上，要靠勇猛进攻和主动出击才能解决胜负问题，防守毕竟只能起到被动防护的作用。企业之间的竞争亦是如此。如果一个企业只懂得防守，那么，总有一天会“弹尽粮绝”，尤其是小型企业，根本没有资本耗下去，企业要想在激烈的市场中生存，就必须敢于进攻。

进攻，就是为自己赢得主动权，只有掌握了主动权，你才能操控这场“游戏”。“被动挨打”是永远不变的真理。

防守固然重要，但是，防守只能为自己延长“打仗”的时间，从某种意义上说，防守不能从根本上解决问题。防守虽然可以保卫企业的竞争优势，但是成不了创造竞争优势的基础，一味地防守，会给竞争对手一种感觉：怎么这么胆小？他肯定没有什么实力，要不然早就进攻了。一旦让竞争对手有了这种感觉，企业就处于危机中了，这个时候，企业唯一能做的就是证明给对手看。靠什么证明？——进攻。这是能证明自己的最好的方法。

经过一段时间的防守，企业基本上对战略方针有了改进，也积累了一定的能量，有了能量就要释放。进攻是最好的方式，也成为企业创造竞争优势的唯一选择。

AMD对Intel的进攻就是很好的例子。

计算机改变了人类的历史，而CPU则不断推动着计算机技术的进步。从286到386再到486，CPU的每一次升级都引起了IT业的巨大变革，Intel则是这场变革中当仁不让的主角，它曾经是市场的宠儿，但是，遗憾的是，Inter的64位处理器推出10年了，却没有想象中那么成功。就在这个时候，AMD登场了，它的目标是为用户全力打造从32位平滑过渡到64位的桥梁。

AMD为挑战Intel而诞生，这就注定了它会活得相当艰难。35年以来，AMD一直处于Intel的阴影当中，AMD唯一能够做的就是复制Intel先进的芯片制造技术，然后凭借低价策略占领市场。然而，那些都已经成为过去，AMD已经对Intel发起全面进攻。

1976年，AMD与Intel公司签订了互惠的专利协议，其后又在1981年续签。1991年3月，AMD生产出AM386微处理器，打破了Intel的垄断地位。这时，AMD开始致力于开发自己的产品，这个过程相当漫长。

1999年，AMD公司一改以往跟随Intel的路线，开始向Intel的霸主地位发起进攻，同年推出的速龙和毒龙系列，一鸣惊人。凭借先进的技术和优异的性能价格比，AMD的市场能力、销售能力都有了非常大的增长。AMD的个人计算机处理器在2000年的年度销售量超过2650万，占市场约20%的份额。

随后，AMD率先推出兼容32位的64位处理器，这对于它来说是一次前所未有的挑战；紧接着，AMD又推出“多内核”的技术。

AMD另辟蹊径、超前出击，给Intel沉重的打击，自1969年成立以来，AMD已经从一个羽翼未丰的小企业成为年收入46亿美元的全球性行业巨头。

综观AMD的崛起过程，我们不难发现，其最大的战略特点就是走自己独立发展的道路，不向Intel低头，主动出击，敢于挑战。AMD的进攻，最终取得了辉煌，不敢说它有多伟大，但最起码它敢进攻，敢挑战，这就是胜利。

一次成功的进攻性竞争行动之后就是获利阶段，在这一阶段，公司可以尽情享受竞争优势的果实。获利阶段的时间长短取决于竞争对手采取相应的反击策略所花的时间，一个获利很长的阶段能够为公司赢得宝贵的时间来赚取更多的利润以及收回成本。

当然，企业不能忽略一点，最好的战略性进攻行动是在获利阶段就为新一轮战略进攻做好准备，否则，竞争对手就会采取行动来削弱企业的竞争优势，逃之不及。

知己知彼，方能百战不殆。要想成功地进攻，就必须首先对自己有所了解，知道自己具备什么样的条件，或者说掂量下自己有没有能力与对手抗衡。做任何事情之前都要有周密的规划，何况是争夺市场这样的大事呢，否则稍有不慎，就会落得被挤出市场的下场。

“万事忌冲动”，“冲动是魔鬼”，在做任何事情之前都要冷静思考，思考自己的优势、劣势，思考对手的优势、劣势，这是每一个军事家行动之前必须要做的，企业的进攻也是不例外的。

那么，企业具备什么样的条件，才可以发起进攻呢？

1.可持久的竞争优势。在成本或差异化方面，挑战者必须拥有超过竞争对手的明显的以及可持久的竞争优势。优势的持久性确保挑战者在竞争对手能进行模仿之前有足够长的时间来填补市场份额的缺口。

2.其他活动相近。挑战者必须有办法部分或是全部地抵消领先者的其他固有优势。如果挑战者采用差异化经营战略，它还必须部分地抵消掉竞争者由于规模等原因而具有的天然成本优势。除非挑战者保持自己的成本与竞争者相似，否则竞争对手会利用成本优势来抵消挑战者的差异化优势。

3.竞争者报复的障碍。挑战者还必须具有一些减弱对手报复的办法，使竞争对手不能对挑战者实施持久的报复。如果不存在报复的障碍，进攻可能会引发竞争对手作出能够压倒挑战者的还击。

挑战者满足所有三个条件的产业可以水磨粉行业为例。

卡吉尔和ADM通过建立新的连续加工工厂进入了水磨粉行业，这类工厂体现了加工技术方面的创新变化。它们还限制自己生产狭窄的产品系列，只生产较高产量的产品，且通过流线型销售减少费用，这些做法使得卡吉尔和ADM获得了极大的成本优势。与此同时，卡吉尔和ADM在差异化方面也取得了平等或相接近的地位。此外，它们还有若干因素妨碍竞争对手进行报复，例如：由于害怕破坏产业均衡，竞争对手宁可不对挑战者进行报复。

在了解了企业应具备的条件之后，就相当于有了“粮食”“马匹”，审时度势之后，企业就要制定一系列的进攻战略。防守有防守的战略，同样，进攻也有自己的战略。进攻比防守的要求更高，进攻也比较困难，不仅需要企业本身具备上述几个条件，还需要企业领导者纵观全局、知己知彼，以战略优势获得竞争优势。

进攻型战略的目的是使企业在现有的战略基础水平上向更高一级的目标发展，在企业生命周期的上升期和高峰期易选择该战略，可持续约6年时间（当然，持续时间的长短也取决于企业规模、战略的精确度及员工的配合度）。进攻型战略的行为特征是通过主动地出击而向前发展，可分为产品进攻型战略、成本进攻型战略和市场进攻型战略。

（1）以成本为基础的进攻型战略。企业之间的竞争从根本上取决于谁以尽可能少的投入生产最大化的产品，并把它销售出去。这是每一个企业愿意看到的，也是希望做到的，可是很多企业都不能做到，因而成本进攻型战略的本质就是以最低的成本或明显的成本优势胜过竞争对手。当然采用这一战略也要面临选择：①低成本战略；②成本互补战略。

（2）以产品为基础的进攻型战略。可想而知，产品进攻型战略，就是以产品为中心展开的进攻行动，侧重于产品结构、产品质量、产品生产体系建设、产品技术开发等，表现为加大产品投资和向新的市场领域进攻的竞争行为。典型的产品进攻型战略形式有三种：①仅仅扩大产品生产规模的战略。采用此策略的企业只看重产品的数量，认为只要加大供应量，企业就能多销售，从而赢得高额利润；②产品前向一体化和后向一体化战略。企业可以建立自己的供货营销系统，自己向市场提供商品；也可以建立自己的原材料供应系统，自己负责原材料采购之类的活动。这取决于企业的地理位置及企业规模、实力的大小。③产品系列化战略和多元化发展战略。企业不必拘泥于一种产品的生产和销售，只要资产允许，企业可以扩大生产的宽度，使产品多样化，这样就可以扩大市场占有份额。

（3）以市场为中心的进攻型战略。市场进攻型战略就是通过各种营销手段和多种营销渠道来提高产品的市场占有率和覆盖率。市场占有率强调的是“点”的重要性，而市场覆盖率则重视的是“面”的重要性。因此市场进攻型战略的选择需要从这两个方面入手，“点面结合”才能提高产品的知名度，将产品推向更广阔的领域，使更多的消费者认同并接受企业产品，从而使企业品牌深入人心，再加上良好的售后服务系统，潜在的消费者终将成为忠实的顾客。

典型的企业进攻案例当属奥克斯空调的“广东攻略”。2000－2002年，奥克斯空调毫不犹豫地选择了进攻，而且选择了中国空调市场最难以把握的广东市场，以广东市场为代表的华南市场以其固有的稳定性在中国空调市场中有很高的占有率。为更好的保证奥克斯空调2003年在广东市场的发展，其决策者毫不犹豫地决定将原广东一个分公司模式变为6个分公司2个办事处（广州、深圳、佛山、中山、汕头、湛江分公司，东莞、海南办事处）。预测到市场可能会出现一个井喷式的增长，奥克斯空调提早将原有的售后服务人员从3人增加至10人，完善并提高了相关的服务标准。紧接着，奥克斯打出了一系列“组合战”。它运用价格优势，巧妙运用“非典”元素，发动事件营销，奥克斯以进攻者的身份，在中国空调品牌最多、本土品牌口碑最好的广东市场向一个个强势群体发起猛烈攻击。从价格、宣传、渠道、服务、技术等多方面下手，经过一系列的进攻之后，奥克斯空调在以广东市场为代表的区域实现了高速增长，先后获得“2003年中国最具成长型企业”之一、“2003年度最具潜力空调品牌”“2003年度最诚信家电品牌”“2003年中国空调十大营销事件”。

奥克斯的成功说是偶然也是必然，它敢于进攻，敢于创新，敢于向强大的对手挑战，它有“狼”一般的性格，正是这股冲劲使得它取得了今天的成果。它的成功进一步证明：只有进攻才能解决胜负问题，如果它没有采取进攻性战略，也许在激烈的空调市场已经没有它的一席之地了。

每一次的进攻，对自己都是一次很大的考验，进攻在一定程度上也属于挑衅行为，但进攻不同于挑衅，进攻是有组织、有目的、公平的竞争，相比于挑衅，更多了理性。进攻，并不是盲目的，而是需要具备一定的条件，要有一套完善的进攻战略，否则会落得“偷鸡不成蚀把米”的结果。

进攻的目的是赶上或超过竞争对手，如果我们面临的是强大的竞争对手，就不能采取正面进攻的方式，这个时候可以采用价格战，即以更低的价格提供同等的产品或服务，这样，企业就能吸引更多的消费者。当然，如果企业足够强大，强大到不论竞争对手拥有什么样的资源或强势，企业都能获得一定的市场份额，从这种角度来看，企业完全可以采用正面进攻的方式，从而赶上或超过竞争对手。

进攻的同时也需要技巧，善于进攻的企业往往选取竞争对手薄弱的环节，比如竞争对手忽视的或者不能提供完整的服务的购买者群体；企业也可以推出创新产品以充分挖掘和利用竞争对手产品线中的缺口，因为有时填补市场空缺的行动能够获得意想不到的成果，从而使自己进入新的细分市场；对于那些产品的质量、性能等滞后的竞争对手，企业可以“吸引”他们的客户，那些对产品性能很敏感的客户很容易被“说服”过来，转向自己的品牌，即便是对产品性能不敏感的人，企业通过宣传、示范等方式，也能将客户变为自己的忠实顾客，毕竟很多顾客对产品的品牌要求不大，而对产品的质量、性能等很重视，企业便可以利用消费者这样的心理，突出自己的产品优势。

卡姿兰战胜竞争对手美宝莲的技巧就是采用集中性进攻战略。卡姿兰的成功主要是因为“跟进”，卡姿兰在形象建设、产品开发、部分渠道、终端建设方面，都采用以“跟进者”的姿态进入。卡姿兰凭借自身早先从事彩妆原料的优势，美宝莲的产品开发思路成为了其全面跟进的领域，而且还大力地塑造“以便宜的价格购买到和美宝莲同等质量的产品”形象。表现最明显的就是卡姿兰3D星光果冰唇彩就是效仿美宝莲的水晶3D星光唇膏，并且价格要比美宝莲低。卡姿兰采用的借助自身优势同时跟进比自己强大的名牌的成功策略不仅打击了竞争对手，还促进了自身的发展，一举两得。

卡姿兰之所以能取得成功，取决于其决策速度之快，迅速的决策使其能够迅速把握市场变化，并能在竞争对手处理不好时，快速进攻。卡姿兰的成功还在于没有盲目地进攻，而是选择了美宝莲的弱点，并采用针对每个阶段选择不同的打击重点的策略，这一策略使卡姿兰不断成长。无论是提高铺货率还是在市场货物积压时及时地聘请“张柏芝”做形象代言人，都充分证明了卡姿兰在营销方面的智慧。卡姿兰采用的提高铺市率的策略，成功地从美宝莲控制的领域建立了自己根据地，这也与其灵活运用营销策略分不开。

在竞争激烈、变化迅速的市场环境中，“来硬的”不仅是企业的一种选择，也是企业取得成功的保障。竞争激烈的市场环境里不允许你以情打动消费者，对手也不会因为怜悯而不对你进攻，这时，就表现为“硬”的胜，而“软”的败。这里所说的“来硬的”其实就是进攻，也许你没有什么资金实力，但是你有你的员工，他们是你的队友，只有进攻，只有不停地勇敢前进，你才能让你的员工与众不同，你才能让你的企业脱颖而出。

之前曾经红极一时的电视连续剧《亮剑》让人印象深刻，当然，在这部电视剧中，令人印象最深刻的是李云龙，他几乎没有文化、性格粗暴但又极为豪迈，善于指挥，因此人们为其叹服。李云龙有勇有谋，最可贵的地方是他的“亮剑”精神，遇到强敌毫不示弱，该亮剑的时候就亮剑，反复强调进攻而非撤退，在他的精神指挥下，突围也成了进攻。李云龙是英雄，出身贫寒的平民英雄。他是进攻精神的典型代表，虽然有时候也会“坏事”，但是其顽强的进攻精神值得企业家们学习。另外，从企业经营管理的角度讲，他是一个善于打造团队精神的人。

您还在坐以待毙吗？您还在为没有地位而羞愧吗？您还在为市场占有率、覆盖率低而苦恼吗？

如果是，那就利用自己的竞争优势、勇敢地领导自己的员工向竞争对手发起进攻吧，用行动告诉别人你的实力有多强。没有进攻，就没有挑战；没有挑战，就没有进步；没有进步，就不能基业长青，因此，不要畏惧什么，勇敢地前进吧。

三、寻找更有利的进攻机会和位置

企业要想取得决定性的胜利，只有进攻，无论是大型企业还是中小型企业都要靠“进攻”才能生存。因为，在这个生活节奏极快、竞争极其激烈的社会，想靠“我不招惹你，你也别招惹我”的思想活下去，那是不可能的。“不进则退”成了一条屡试不爽的规律。

对于大型企业，进攻相对来说还是比较容易的，甚至大多数时候，是处在“被进攻”的位置上的。但是，对于中小型企业来说，进攻就显得举步维艰了，于是，他们的进攻要讲究策略，讲究技巧，“以巧取胜”才是他们的救命稻草。以弱胜强的进攻，不是无心插柳，而是源于精心的谋划；不是一时的运气，而是有系统的方法。

弱势企业对强大企业的进攻可以从五个方面出发，由点及面地开辟一条进攻路线，寻找更有利的进攻机会和位置。

1. 从产品出发。一味地跟风、跟随已经不能为企业创造什么价值了，因为，竞争者的品牌已经形成，有了一定的忠实顾客，中小型企业再生产同样的产品，无异于往大街上扔钱，不会有什么价值收获。弱势企业唯一能做的就是创新，另辟蹊径，避免与强势企业“撞车”，在另外的市场寻找自己的位置，然后站稳脚跟，一步步发展。

2. 从渠道出发。弱势企业要寻找新的销售渠道，因为新的销售渠道的出现，意味着存在进攻现有销售渠道中占主导地位的强势企业的潜在的机会。例如，许多消费品转入超级市场出售这一变化，创造了许多进攻强势企业的条件。弱势企业要把握住这些机会，并将这些条件运用到实际生活当中去，将条件与机会结合起来，开辟一条属于自己的销售渠道。

3. 从区域市场出发。弱势企业进攻强势企业，不要想着“一口吃成胖子”，这是不现实的，也是不可能实现的。弱势企业要瞄准对方的某一区域，先成为这个区域市场的强者，建设好“根据地”，等有了一定的基础，积蓄了一定的“能量”，再进军对手的整个市场。

4. 从竞争出发。弱势企业再弱，也有自己独特的优势，所以弱势企业不一定在很多方面都强，只要塑造局部的竞争优势，并将这些优势发挥到极致，扬己之长，攻敌之短，弱势企业就不再“弱”了。浓缩的都是精华，就看怎样浓缩了。

5. 从传播出发。作为弱小企业，很多人都不知道它。要想对强大的对手进攻，首先就要增强自己的知名度，这样在进攻的时候，也能多一些人的支持。可以运用事件营销、网络营销等，以低成本实现高效传播。

企业要想成功地进入竞争对手的碉堡，就要抓住商机，不让任何机会从身边悄然离去。抓住商机然后再寻找有利的进攻机会，那么，企业就胜券在握了。下面我们看一下美的是如何抢占商机的。

近几年，我们发现美的电器向变频空调和豆浆机市场强势进攻，美的电器从表面上看是在和海信变频空调、九阳豆浆机争夺市场，实际上是在抢“节能环保家电”和“健康家电”的大势。随着节能环保观念以及安全营养饮食深入人心，消费者以前无意识购买的产品，都逐渐成为了热销品。美的在市场还没完全成熟之际，发动总攻，迎合市场需求，抢夺多年来市场推广和市场教育开发出的“蛋糕”，美的电器抓住了这个市场机会，无疑是明智的。它抢的不仅仅是市场份额，而且是未来多年的节能环保家电和健康小家电的龙头老大的位置。

而其他家电企业却似乎没有看到这样的趋势。你不抢，就会被别人抢；你不占领，就会被竞争对手占领。美的电器正是遵从这一原则，通过多年的品牌传播和渠道建设，凭借在家电冰箱，以及在小家电饮水机方面积累的优势，开始向变频空调和豆浆机进军。

美的找到了更有利的进攻机会，经过主动地进攻，已经成为变频空调和豆浆机领域数一数二的品牌，健康、节能的大势使海信空调和九阳豆浆机多年苦心经营所占的市场份额逐年减少。

任何人的成功都是来自于积极主动地去寻找机会、发挥创造力。如果你只会坐井观天，守株待兔，那么你永远只能是井底之蛙，永远逮不着那千万分之一几率的兔子。为什么不能跳出井底去寻找更广阔的天地呢？为什么非得等着兔子自己送上门来呢？自己去捉，几率不是更大吗？

亚历山大不但是世界古代史上著名的军事家和政治家，还是欧洲历史上最伟大的军事天才。在某一次战斗结束后，有人问他，是否等待机会来临，再去进攻另一个城市，亚历山大听了这话嗤之以鼻：“机会？机会是要我们自己去创造的！”

没错，机会不可能主动到你手中，即便是到你手中了，如果你不把握，也一样没用。

狼知道，要想获得食物，必须要经过艰苦的狩猎，因为猎物不会自己主动跑到身边来。例如，几只狼在搜寻目标时，遇到一群野鹿，面对这样的猎物，狼会先将鹿群赶向山坡一侧的高地，形成包围后，再把鹿群一冲而散，破坏它们的凝聚力。野鹿四处奔逃，很多弱小的个体就会倒在锋利的狼牙之下。对于机会，狼从来都是主动寻找，大胆创造。

企业家就要像狼一样，主动寻找“猎物”，具有狼一般的特性，并不是鲁莽地、一味地向前冲。企业要进攻，一定要有策略、有根据、有目的地进攻。

正面进攻比较困难，企业就要从侧面进攻，首先就是找到竞争对手的“软肋”，在竞争对手发出危险信号的时候就是企业进攻的有利机会，然后见缝插针，这样企业才能“以巧取胜”。肯定会有人问：竞争对手的危险信号有哪些呢？我们又怎样辨别呢？

竞争对手易受攻击的信号可概括为两个方面：产业信号和基

于竞争对手特性的信号。

1. **产业信号**。结构变化也许是提供给竞争对手易受攻击的最强信号，来自产业外部的结构变化是竞争对手脆弱性的尤为强烈的标志。那么，又有哪些标志着竞争对手处于危险当中的重要产业信号呢？

技术更新换代。技术更新换代即是突发的技术变化，其增加了战胜竞争对手的可能性。例如，在轮胎行业中，径向轮胎的出现增加了麦克林公司挑战好年景公司的机会；又如在打字机行业中，电子技术的出现，导致安德伍德公司的失败。之所以会出现这样的变化，是因为强大的竞争对手相对于挑战者来说，对技术的更新换代更加敏感，从而，竞争对手会做出大的反应。这个时候，挑战者就要具有敏锐的眼光，迅速适应新技术的变化，赶在竞争对手的前面掌握新技术。

消费者的变化。消费者价值观的改变，无论是什么原因导致的，都可能标志着差异化、新销售渠道等新机会的出现。企业要看到这些变化，在竞争对手还没有准备好提供给消费者新的服务时，挑战者就要抓住时机，发起进攻。

第一次世界大战后，“万宝路”香烟出世了。开始，“万宝路”将目标定位在爱美的女性身上。为了表示对女烟民的关怀，莫里斯公司把“Marlboro”香烟的烟嘴染成红色，以期望广大爱美女士为这种无微不至的关怀所感动，从而打开销路。然而几个星期、几个月甚至几年过去了，莫里斯心中期待的销售热潮始终没有出现。抱着心存不甘的心情，菲利普·莫里斯公司开始考虑重塑形象。公司请专人为“万宝路”作广告策划，希望打开“万宝路”的销路。广告公司的人建议摒弃脂粉香艳的女子香烟，重新创造一个富有男子汉气概的香烟，一个崭新大胆的改造“万宝路”香烟形象的计划产生了。产品品质不变，包装采用当时首创的平开式盒盖技术，并将名称的标准字尖角化，使之更富有男性的刚强，并以红色作为外盒的主要色彩。这种洗尽女人脂粉味的广告于1954年问世，它给“万宝路”带来巨大的财富。仅1954年，“万宝路”销售量就提高了3倍，一跃成为全美第十大香烟品牌，1968年其市场占有率上升到全美同行第二位。

从“万宝路”的成功我们可以看到，买方的变化对企业来说，也许就是一次历史性的转折。试想，如果在“万宝路”香烟针对女性没有销路时，能有一家公司发现这个问题，并在“万宝路”前面，首先打出专门针对男性的香烟，也许，成功就不是属于“万宝路”的，而是属于挑战者的。

投入成本或质量的变化，标志着挑战者拥有利用新的生产过程、更换产品的设计、封锁原材料的新来源取得成本优势的机会。那么，挑战者就要好好把握这个机会，利用成本优势，给竞争对手一次意想不到的打击。

2. 竞争对手自身的信号。产业竞争对手的下列特征标志着其可能的脆弱性。

不满意的购买方。如果竞争对手有对其不满的买方，从另外一个角度，也就是说，挑战者拥有了一定的支持者。买方对竞争对手不满，这是一个很重要的机会，也意味着，竞争对手存在某些缺陷，或者是态度傲慢，或者是禁止买方议价，总之，不管存在哪方面的原因，对竞争对手来说都是危险的信号。挑战者在这个时候，就要利用自己产品本身的优势，提供给买方更好的服务，使其成为自己忠实的支持者。

处在中间位置。处于中间地位的竞争对手，缺少进攻的动力，更为自己的位置感到满意，雄心不高，对挑战者来说，这也是很好的信号。

现有产业技术的开创者。如果你的竞争对手是现行一代产业技术的领先者，那么，他们可能不愿意接受下一代技术，缺乏灵活性。变化多端的市场环境就为挑战者提供了机会，领先者不敢轻易改变，那么，挑战者首先改变，这样将会把竞争对手抛在时代的后面。

当然，竞争对手这些脆弱的信号不是一定的，更不是万能的，这需要企业自己有一双慧眼。

在中国啤酒市场竞争最激烈的前沿阵地山东，在青岛、趵突泉、北冰洋、琥珀、三孔、无名等区域强势啤酒品牌林立的局面下，银麦啤酒居然连续多年在产量和利润水平上稳居山东省第二，仅次于山东省第一啤酒品牌——青岛啤酒，银麦啤酒是如何做到的呢？又是如何与实力强大的青岛啤酒对抗的呢？这得取决于它的进攻战略——见缝插针。大品牌的市场缝隙，就是小企业的生存机会。银麦做市场从不鲁莽攻击，而是把自己的人员分布在市场的各个角落里，静观竞争对手的动向，寻找市场的空隙。哪里有漏洞，就往哪里钻，实行见缝插针式的渠道策略。找出漏洞，并将其作为进攻的有利机会和位置。银麦在日照市场上从无到有，从有到占据半壁江山，是由于在见缝插针的过程中把握好了各个步骤：战术上尽量避免与强者正面交锋，蛰伏期能够做到知己知彼，抓住对手的过失后能够以快制慢，获得根据地后能够将市场维护到位。

银麦的成功，说明弱势企业对抗大型企业不是不可能的，结果也不一定都是失败的，关键看怎样进攻。银麦找到了青岛的弱点，并把握了有利的进攻机会，找准了进攻的位置，这是其取得成功的关键所在。

要想进攻强势品牌的根据地，弱势品牌必须在进攻之前摸清对手的阵法及兵力配置：利润分配、渠道成员、促销方式、执行力等，通过足够的情报信息分析对手的强势和弱势，并随时掌握对方的变动情况，以备攻击之需。银麦的成功，不仅在于抓住了对手暴露弱点的机会，还因为在事前所作的准备工作，让自身在信息上变得灵敏，从而把握住了青啤“难得一遇”的终端漏洞。

见缝插针策略固然可以以小博大，但是“缝隙”并不常有，如果仅仅是等待竞争对手暴露缺点，则无异于守株待兔。因此，作为弱势品牌，要在主动进攻中打击对手的弱点，使对手的弱点转化为可以直接进攻的“缝隙”。

见缝插针无疑是找出进攻有利机会和位置的最佳战略，但这也不是万能的，针对不同的竞争对手要采取不同的战略。

进攻竞争对手的碉堡，要选择有利的机会和位置。企业与企业之间的竞争是激烈的也是残酷的，进攻更是需要谨慎小心。企业的进攻所付出的成本是不能用金钱衡量的，可谓代价很大，但是，进攻成功后的利益也是很吸引人的。因此，这对企业领导者来说既是机遇又是挑战。企业要想成功地进攻，就必须审时度势，在必要的时候迈出关键的一步。这就需要领导者时刻关注竞争对手的变化，这些变化包括战略方针、市场取向、市场定位等。当对手在某个方面露出破绽时就是企业进攻的最佳时间。

四、胜利来自于必胜的信念

无论做什么事情，都要有信心。自信是成功的前提，没有自信，就如同汽车没有了发动机、船舶没有了帆，是无法前进的。信念的力量更是伟大的，它支持着人们生活，催促着人们奋斗，推动着人们进步，正是它，创造了世界上一个又一个的奇迹。长征中，红军战士就是依靠坚定的理想和必胜的信念，战胜了难以想象的困难。

《苦儿流浪记》有一段情节：主人公与几名矿工在工作时遇难了，大家被困在一个狭小的空间里，脚下是哗哗流淌的水，他们所有的，只是几盏灯而已。极度恶劣的情况，让人们觉得他们必死无疑。营救虽然在进行着，但是人们都没多大把握成功。而矿井下的情况确实不容乐观，好几名矿工都已抱着必死的心态。他们中有一个人带了表，最后有人提议熄了灯，每隔一段时间让那戴表的矿工报一次时间，大家都休息，以节省体力。时间在一分一秒的过去，人们的心也越揪越紧，可是人们没想到的是等到营救队到达时，他们竟然奇迹般地活下来了，只有一个人死了，就是那个报时间的矿工。

原来，开始他的确是准时报时间的，但是，当他发现同伴们灰心丧气时，他便开始“虚报”时间，半小时他说15分钟，一小时他说半小时，两个小时他说一个小时……结果其他人都在信念的支撑下活了下来，而那个矿工却与世长辞了。

可见，信念的力量是多么伟大啊，它可以让一个人对前途充满希望，对生活充满向往，可以转危为安，当然，这类信念必须是积极的、健康的。积极向上的信念是生命的源泉，在它的帮助下，人生路上，又有什么能够与之抗衡呢？

企业的发展也需要强大的信念来支持：

企业的信念体现在价值观上，而企业价值观又是很难真正掌握的部分，这也是优秀企业区别于其他企业的一个关键之处。企业价值观正确与否以及能否被全体员工接受，是决定企业命运的决定性因素。“经营之神”松下幸之助指出，企业可以凭借自身的价值观，把全体员工凝聚在一起，达到一种连员工都不敢相信的高境界，从而激发员工的激情和干劲，这才是决定企业成败的根本。美国管理学家彼得斯也指出，企业能否成功，取决于员工是否能够理解、接受和执行企业的价值观。当然，企业价值观的形成也不是一个短暂的过程，这需要企业全体员工的共同努力。

对于个人，没有坚强的信念是最可怕的。个人如此，企业更如此。“百年老店”不是经营的结果，而是坚强的信念作用的结果。不同成功的企业往往有着不同的优良传统和企业文化特征，其中最核心的部分便是其价值观的集中体现——坚强的信念。如

IBM的“服务创造幸福”观点、海尔的“敬业报国、追求卓越”的理念等。

企业要想实现自身的价值观同样需要坚强的信念来维持，由个人到团队，由团队到企业，个人通过改善自身特点形成坚强的信念，则团队就自然形成良好的价值观，进而整个集团形成良好的价值观。因此员工所具有的坚强信念，最终表现为企业员工完成企业任务、履行企业使命的境界，这种境界主要体现在忧患意识、自我否定勇气和奉献精神方面。

“生于忧患，死于安乐”是孟子追求的境界，而忧患意识也是强者的战略思考境界，是企业前进的强大动力。日本管理学家立石一真曾言：“企业如同人，锻炼少了，活力差了，就得病了，得病就要对症下药，进行医治，如不承认有病，则病入膏肓。”企业的成长过程，自己是自己最大的对手，过去的成功已经不代表什么，它仅仅能证明你曾经的努力。但是市场变化之快，如果企业不从本质上改变自己，就会慢慢被超过、被替代。所以企业的发展必须要有着坚定向上的信念，成功时我们能想到失败，失败时我们更渴望着成功。

当企业领导者还没有坚定必胜的信念时，你的企业便还在竞争激烈的市场上做着无谓的挣扎；当你坚定了自己必胜的信念时，你的企业在竞争的时候就不会再有任何障碍。障碍都是因为不自信，没有坚定的信念；只要你的信念还在，就没有任何事物能让你的企业倒下。

那么，为什么必胜的信念会有如此大的力量呢？

只有坚定一定能够完成目标的决心，我们才能够真正做到全力以赴。持久战是一场耗时、耗力、耗钱的战争，如果企业一开始就没有树立必胜的信念，那么，企业注定是坚持不到最后的。只有企业树立了必胜的信念，在与竞争对手抗衡时，才会显得霸气十足，这在某种程度上便增加了对手的畏惧感。当然，有了必胜的信念，企业对未来就会充满希望，这也将会引领着企业更加努力。希望就像是沙漠里的一片绿洲，促使着企业家朝着“绿洲”的方向前进，心中有了目标，当然就会全力以赴，这就像是一股无形的力量，你觉得它不存在，而它却时时刻刻鞭策着你前进。

拿破仑在一次与敌军作战时，遇到顽强的抵抗，损失惨重，形势不容乐观。拿破仑也因一时不慎掉入泥潭中，被弄得浑身泥巴，可是，他却浑然不顾，内心只有一个信念，那就是无论如何也要赢得这场战争，士兵们看到他必胜的决心，一时间，精神抖擞、英勇无比，他们像一群雄心勃勃的狼，冲向敌人，最终取得了胜利。

企业领导者就要有拿破仑一样的心态，在关键的时候，领导手下作出正确的抉择。领导者就是员工的指南针，越是在关键的时候，领导者就越要发挥他们独有的领导气质。

只有坚定一定能完成目标的决心，我们才能够真正做到坚持到底。

持久战，顾名思义，是长时间的作战，这就要求企业有着坚持到底的精神，那么，企业靠什么坚持到底呢？——必胜的信念，只有树立了必胜的信念，企业才能有激情将持久战进行到底。成功学之父拿破仑·希尔曾经说过："永远比别人多走一里路！"我们之所以能比别人多走一里路，是因为我们的信念比别人更坚定，所以坚持到底只是一个结果，坚定不移的信念才是使我们成功的真正因素。所以如果你想要坚持到底地去做一件事情，你就必须先下定一定要做好这件事的决心，并赋予自己一定能做好这件事的信心！

当年叱咤风云的红色娘子军连二排长王运梅在一次接受采访时说："现在的战争与我们那时相比，来势更猛，而且时间短、节奏快，没有敢打必胜的信念，没有处变不惊的精神准备，就等于在士气上输给了敌人！莫把武器装备的功效看得过重，不管打什么样的战争，人都是决定胜负的关键。我们100多个姐妹刚开始跟反动派斗争时，几乎是手无寸铁，孤立无援。我们之所以能够胜利，靠的就是不怕牺牲、不畏困难、勇往直前的精神！如今，提高'打赢'能力，首要的是坚定必胜信念！抗美援朝战争中，我们曾用机枪击落敌人的飞机，伊拉克战争中不也有个农民用老式步枪击落了一架美英联军的武装直升机吗？更何况，我们现在的武器装备已有了翻天覆地的进步，而且随着国家经济的发展还会越来越好，我们有什么可担心害怕的呢？"

王运梅和她的"红色娘子"们，凭着必胜的信念，怀着一定要完成目标的决心，在战争中，取得了赫赫名声，并坚持到底，取得了最后的胜利。

只有坚定一定能完成目标的决心，涣散在我们内心深处的潜力才会发挥出来。坚信我们一定能够完成目标，这在无形中给了自己一定的压力，相信自己一定能行，那么，我们一定会沿着这条路线前进的。有压力才会有动力，我们认为自己能够完成目标，因此，我们也不想让自己失望，我们一定会想尽办法去实现目标，在这个过程中，我们会发现，之前我们不能做到的事情，现在都能做到了，那是因为内在的潜力被发挥出来了。人都是在绝境中才变得更加聪明的，那是求生愿望的支撑，同样，当我们为自己树立了一个目标之后，我们也会尽自己最大的努力去实现的。每个人天生都有解决一切问题、实现一切梦想的能力，而这些能力就潜藏在你的意识深处，只要你树立了必胜的信念，这些能力就会爆发出来，你就可以解决生活中的一切问题，实现自己心中的一切梦想。

通常，必胜信念的力量都是在无形中起作用的，却又是以看得见的结果表现出来的。

这个世界上没有你做不到的事，只有你不想做的事。你可以拥有任何东西，成为任何人，去做任何事！只要你有信心，只要你怀着必胜的信念。

在每个人的心中，都应该有必胜的信念，这必胜的信念定会为你创造奇迹。它就像寒冷中的一杯热水，温暖你的心；茂密森林里的一块方向碑，为你指明道路；更像你在气馁失望时给你安慰、借你肩膀的朋友，给你希望与成功。它，仅仅是一个看似无形的信念，但却往往胜于有形之物。

秦朝末年，天下大乱，军阀之间为了不同的利益而相互斗争。

赵王被秦军围困在巨鹿，请求楚怀王救援。项羽为报秦军杀父之仇，主动请缨，楚怀王便封其为上将军。

项羽先派副将军率两万余人做先锋，渡过漳水，切断秦军的运粮通道。项羽亲自率领主力渡河，渡过河之后，项羽命令手下每人只能带三天的干粮，并砸了军队里的锅碗瓢盆、将船只全部凿沉，然后对将士们说："咱们这次打仗，有进无退，三天之内一定要把秦军打退！"

看着项羽的决心和勇气，士兵们很受鼓舞，士气高涨，一鼓作气将楚军包围起来，每个人都使出浑身解术，拼个你死我活，经过几次的激烈战斗，活捉了秦军首领王离，围困在巨鹿的秦军就这样被打败了。

不是要每个企业领导者去学项羽砸锅碗瓢盆，也不是去学凿沉船只，而是要学习那种精神，学习那种在危难关头不怕困难、自信满满、充满必胜信念的精神。

球场上取胜，靠的是球员的基本功、平静的心态、教练员的机智和队员的团结力，不管出现任何情况，自始至终都要坚定必胜的信念；作为领导者，心中一定要有一个概念：战场上只有我军，没有敌军；球场上只有冠军，没有亚军。

既然必胜的信念如此重要，我们又该如何建立自信呢？

正确剖析、认识自我。缺乏自信的人的认知缺陷是过低估价自己，只看到他人的优点，却看不见自己的长处；做一件事情如果成功了，就归因于运气，一旦失败就认为是自己无能、蠢笨造成的；认为自己的优点，自己所擅长的都是不显眼的，没什么值得炫耀的，而别人的优点和长处却成了重要的、自己很难达到的，并且值得自己学习等等。这样认识自己的人往往不能发挥正常水平，常常与机会擦肩而过，事后又懊悔不已。事实上，每个人都有缺点和不足，过分地看重别人的优点而贬低自己的长处是片面的、不妥的。相反，每个人都有自己的长处和优点，没有谁比谁多拥有什么，正所谓“天生我材必有用”，上帝为你关闭了一扇门，一定会为你打开另一扇窗。

而企业呢？每一个企业都有自己的竞争优势，也许你会在生产技术上落后于别人，但是你会在创新上胜过别人。企业要想建立必胜的信念，首先就要正确地认识自我，企业的自信不是凭空产生的，而是建立在企业自身优势的基础上的。这就要求企业正确评估自己，建立一套完善的自我评估系统，这个系统是随着企业规模的变化而变化的。企业正确地认识自我，这是打好持久战的前提条件，同时，企业正确认识了自己，知道自己的长处在哪、缺点是什么，在制定策略时也会增加制胜的把握。

给自己制订合理的目标。这也是在充分认识自己的基础上的，换句话说，就是为自己设定一个合理的目标。只有目标合理了，在我们知道结果之后，才不会因为出乎意料而沾沾自喜，也不会因为没有实现目标而灰心丧气。建立一个合理的期望值，既不会给企业太大的压力也不会因为目标太小而不屑一顾。

如果企业给自己制订的目标太高，比如：我在一年之内一定要超过某某世界500强的企业。如果你只是一个小型企业你拿什么去与人家争，还没等你动手，别人已经把你打得头破血流了。你只有一步一步、慢慢地积蓄自己的能量，先从某一方面赶上对手，然后才能慢慢地超越对手。这就是所谓的短、中、长期目标，从短期目标出发，长期目标最终定会实现。因此合理的期望值会给企业增添很多自信心。

巴尔扎克说过："像公爵夫人一样说话，像公爵夫人一样思考，你就是公爵夫人。"那么，想象着自己会胜利、会成功，结果也一定会朝着你的思维路线前进的。心理学家调查显示：如果睡觉之前，在脑海中想象自己要达到的目标，或者想象自己在成功之后会有怎样的改变，那么，我们的行为便会不自觉地朝着我们设想的方向努力，最后实现我们的目标，这看起来是一种偶然，其实是必然的结果。

建立必胜的信念，前提是我们要有积极向上的心态，无论在何种困境中，都要保持乐观积极的心态。尤其是作为企业的领导人，你的自信，可以感染到你所有的员工。有没有积极乐观的心态也直接关系到一场战争的成败与否。不论是在战场上，还是在商场上，拥有积极的心态是至关重要的。

斯坦利·库尼茨是个对沙漠探险极其感兴趣的瑞典医生，他曾经试图穿越非洲撒哈拉沙漠。就在他们进入腹地的当天晚上，一场风暴使他们失去了所有，就连那瓶已经开启的为庆祝自己36岁生日的香槟也撒得所剩无几了。死亡似乎已经成了他们唯一的结局，斯坦利的手不经意地伸向口袋："苹果！"他从绝望中看到了一丝希望："我还有一个苹果。"

几天后，奄奄一息的斯坦利被当地居民救了。而他的手中紧紧地握着一个干瘪得不像样的苹果，他昏迷不醒，却没有人能把苹果从他手中拿走。

斯坦利就靠着“一个苹果”活了下来，他并没有吃一口，仅仅是信念在支撑着他，是积极的心态让他免于一死，是坚信一定会有人来救他的信念让他坚持到最后。可见，积极乐观的心态是多么重要啊。

企业从兴起到成为上市公司再到最后成为世界领先企业，在这个过程中一定会遇到很多挫折，因为没有一帆风顺的路程。那么，企业在遇到困难之后该如何解决呢？首先，不要畏惧，挫折在所难免，我们唯一能做的就是保持乐观的心态，然后想办法解决。

虽然我们手中没有“苹果”，但我们手中有很多可以利用的资源，比如企业的人力资源。将企业所有人力资源拧成一股绳，大家一起努力，一定会渡过难关的。不管遇到什么样的竞争对手，我们都要有必胜的信念。当企业没有资金支持的时候，我们要想到我们还有朋友，他们会给我们帮助；当我们的朋友也不愿意帮助我们的时候，我们要相信，我们还有员工，这支队伍会陪我们渡过难关；当我们连员工都没有的时候，我们要坚信自己，相信自己只要不放弃，就一定会有东山再起的时候，白手起家有什么不可以的呢？如果企业领导者失去了信念，那么，这个企业注定是失败的；相反，如果企业领导者有必胜的信念，那么，在你的感染下，还有什么事情是不能完成的呢？领导者的信念将整个企业的员工凝聚在一起，也正是领导者必胜的信念支撑着企业打完持久战。

第六章

持久战制胜策略（二）：从劣势转优势

一、由质变带动量变

量变又称“渐变”，与质变相对。主要指事物在数量上的增加或减少，是一种逐渐的、连续的变化，其变化又是不明显的。唯物辩证法认为，量变是事物运动的基本状态之一，它由事物内部矛盾的各个方面引起，其变化是统一的又是矛盾的。

质变指事物从一种质态向另一种质态的转变，同量变相对，又称突变。质变是在量变的基础上发生的，巩固量变的结果。在前进运动中，质变造成旧事物灭亡，新事物产生。事物的质变瓦解了事物原有的质量统一体，破坏了事物的相对静止状态，突破了事物原有的度，从而呈现出显著的、迅速的和剧烈的变化。质变在事物发展中具有重要地位。质变是事物发展的决定性环节，也是造成世界上千差万别的事物及其丰富个性的根据。

量变是质变的基础。量的变化达到一定程度后就会引起质变。熟能生巧其实说的也就是量变引起质变的意思。只有我们有了不断地练习，才会达到一定的质量，即“巧”的境界。量变引起质变，没有量变也就谈不上质变，换句话说就是事物的质变不是突然产生的，它的产生是在量变逐渐积累的基础上的。白蚁虽小，但是它筑的巢却令人惊叹，白蚁没有什么神力，它拥有的仅仅是毅力，通过一点一滴的积累，才会有如此大的成果。

做什么事情都不是一朝一夕就能成功的，而是经过无数次的失败后才取得的。司马迁在牢里花了15年才完成《史记》；达尔文著《物种起源》用了20年；而马克思完成《资本论》用了近40年。“不积跬步，无以至千里；不积细流，无以成江海”“千里之行，始于足下”，这些古人留给我们的哲理都证明了一件事，即量变的积累造就质变的飞跃。

然而量变又不能单独存在，量变是要依赖质变的。量变将导致质变，量变不可能脱离质变而单独发展，量变离开了质变也就没有意义了，量变发展到一定阶段必定会引起质变。在西方哲学史上，有两个著名的辩论：即“谷堆辩”和“秃头辩”。前者说的意思是，当我们一粒粒的增加谷子的数量时，虽然一粒谷子很小，小到微不足道，但是无数的谷子堆积在一起就成了谷堆，这个谷堆也许就能救活很多饥饿的人。也就是说，量变的积累最终会引起质变。然而“秃头辩”从相反的方向说明了同一个道理。

量变与质变其实是不能分开而论的，我们既不能单独说量变又不能单独说质变，两者具有因果关系。在哲学上，有一个著名的量变和质变相互转化的定律：量变是质变的准备，质变是量变的必然趋势和结果。所以我们听到了很多关于量变才有质变的因果观点，但是仅仅由量变带动质变已经不能适应现在竞争激烈的市场环境了。

橱柜行业的现期发展就充分说明了这一点。

橱柜绝不像我们看起来的那么简单，一套橱柜既包括不需要很高的技术的门板，也需要雄厚的技术实力生产的门板、台面、五金等。现在的中国市场上，没有哪个企业能自行完成橱柜的全套生产，就连自己拥有工厂的一些品牌也只不过是生产柜体，其余部分从其他企业引进，这种现象的产生主要是由两方面的原因引起的，一是在中国，橱柜还没有引起足够重视；二是橱柜生产者对自己的品牌意识不强，不知道加强品牌建设。

那么，橱柜企业应该做什么？首先最重要的就是他们的品牌定位，筛选自己的配送合作公司，再将自己的产品打包销售给消费者。再者就是整体橱柜的品牌服务。建立一个品牌容易，想维持好一个品牌却很难。要想维持好品牌，企业就要做好在橱柜卖出后提供设计、咨询、安装等售后服务。

橱柜主要是针对家庭的，因此在销售的时候就要把目标锁定在家庭。家庭成员根据自己的爱好选择好所有产品的部件、材料等，由企业负责交给指定的设计师进行专门设计，所有零部件设计完成后，交给专业工人安装，并提供统一的售后服务。使用这种模式，橱柜可以远离潜规则，给消费者提供更好的服务，从而打造自己的品牌，橱柜行业就会持续健康地发展。

虽然现在市场上，橱柜行业还算盛行，可以说是在“量”上满足了消费者的需求，但是，在“质量”方面却还远远不够。随着生活水平的不断提高，消费者不在只是追求“量”上的满足，而更多的是讲究品牌、质量、服务，这些恰恰是目前橱柜市场的

“空白点”，橱柜行业需要做的就是从量变到质变。质的变化，促进橱柜行业数量的发展。

在企业发展的初期阶段，是使消费者接受一个新产品或更改一个新理念的阶段，然而，就在行业发展的初始阶段，大多数企业只是想着在量上如何做大自己的企业，而不是想着如何做强自己的企业。从长远的战略眼光看，就是忽视渠道的质量，而追逐负面效应。企业为了生存，便迅速开拓销售渠道，并以自己开拓的销售渠道多而自豪，甚至认为自己是成功的。然而，当市场稍微有些变化时，销售渠道就会受到冲击，严重者甚至会导致崩溃。因此，为了使企业能够长久的具有竞争力，就必须进行渠道创新，创新就是优化通道。

在进行渠道管理时，应先取得客户的信任，然后进一步引导其信赖本产品，最后成为本产品的忠实顾客。顾客对产品的忠诚度很大程度上决定着企业其他产品的销售。

行业或市场发展的早期阶段被称为胚胎阶段，在这个阶段，企业的发展大多是追求数量，这也导致其在后期不能扎根于市场。定制行业的发展就改变了市场早期的发展规律。

定制行业发展到今天，虽然也有早期的“跑马圈地”地现象，但是其发展不是盲目地追求量的增加，而是在量的基础上对其进行改进。如早期的某知名橱柜企业，在一年多的时间里开拓了100多个分销渠道，被称为橱柜行业的一匹“黑马”，同时它还大量地改进和优化销售渠道，并对其进行层层优化和过滤，并不是一味地增加销售渠道，企业对销售渠道的改进成为该企业今天可持续发展的不竭动力，并成为现在定制行业的业界老大。定制行业发展到今天，品牌散布在世界大大小小的角落，其品牌效应已发挥了作用。

企业要想在市场上立于不败之地，就必须注重“质”的改善，现在的消费者对质量的要求已超过了对价格的要求。今天的消费者，都喜欢在网上购买东西，淘宝成了大家热衷的购物方式，这样看似简单、方便的方式其实也并不容易。不容易体现在，消费者在选择商品时往往要“货比三家”，这个“比”不仅是价格的问题，更多的是比质量。在看中了商品下单之前，消费者还要追问有没有什么售后服务，或者出现质量问题谁负责任等。从一个简单的淘宝案例中，我们就可以看出消费者对于质量的重视程度，因此企业在发展的同时一定要注重“质”的飞跃，只有“质”改变了，才会带动“量”的增加，两者既有因果关系，又相辅相成。

在企业界流传着一则寓言：狼吃猫的故事。山里来了一只狼，狼饿了，四处觅食，忽然看见了一群猫。猫有26只，开始狼不敢进攻，可是实在饥饿难当，便壮着胆子扑向一只猫，结果猫被吃了。狼很得意，一天吃一只猫，结果狼吃得又肥又大。

狼吃完了猫，又四处觅食，正当饥饿时，狼又看见了一只“大猫”，冲上去就咬，结果这只大猫，不仅力气大，而且很凶猛，反过来把狼吃了。原来这只大猫并不是猫，而是老虎。一只老虎的力量超过26只猫，也就是说当企业发展壮大后，就会发生质的变化，而不是看上去很大却不堪一击的“纸老虎”。企业只有发生了质的改变，才能生存得更好，才能抵抗各种突如其来的竞争。

企业的发展也要经历两个阶段：一是猫的阶段，二是老虎的阶段，进入第二个阶段也就是发生质变的时期。

其实我们一直在说的量变引发质变，在思想上似乎让我们觉得，量变必须在前，质变也必须是量变引起的。其实在商场上却并非完全遵循此类规律。

企业发展，也可以是有质变带动量变的，事实也多是这样变化的。

据华为公司在2011年的年报显示的结果，当年华为手机发货5500万台，其中智能手机发货量达到发货总数的近三分之一，接近2000万台。虽然发货量增长迅速，表面上看起来华为应该占有一定的市场份额，其实不然，这也是华为的尴尬之处，增多的发货量并没有增加其市场占有度。这也就是说，华为在量上已经基本达到，但是还没能引起质变。

华为的尴尬之处还在于，城市中有一定地位的人知道“华为”这个品牌，但他们却很少使用华为手机，而更多的人青睐于苹果、三星等品牌。那些知道华为手机的人也多半是因为其充话费送手机的活动，靠着“有便宜不赚白不赚”的心态才购买华为手机的。因此，我们可以看到，华为的品牌优势几乎为零。此外，华为手机缺少品牌推广，华为和消费者之间始终需要经销商和代理商这个纽带，少了这个纽带，似乎华为就不知道该怎样销售自己的手机了。

华为先前的不成功很大程度上取决于其太注重销量而忽视品

牌建设这个关键因素。任何产品或企业离开品牌都是不能持久生存的。而这也正是当初华为的缺陷。

在华为意识到这点，并开始走市场化路线的时候，接连打败了摩托罗拉、阿尔卡特朗讯，登上了固网、移动通信设备、网络设备三大领域的高峰。根据有关可靠数据显示，截至2012年2月底，华为荣登中国市场手机整体份额前三的位置。而其在中国手机市场的销售也获得了第二名的好成绩。截至到2月12日，短短的一年时间里，华为在全球市场上的份额从1.5%提升至2.3%。

当然，高价智能手机还是当属苹果手机，但是在低价智能手机这块，就属于中兴和华为了，华为去年第四季智能手机在Android领域中则击败了LG。目前，在全球手机市场，华为手机销量排名第八。

从华为的发展历程来看，企业要想长久发展，要想达到“蛇吞象”的效果，就不能太在量上下功夫，毕竟评价一个产品的好坏多半是取决于市场占有率。也就是说，产品只有销量没有品牌是不能被人们长久记住的。这个时候就要讲究质变了，由质变反过来再增加量变，这将是完美的结合。因为，在产品的质量、品牌都被人们接受之后，难道还愁没有销路吗？

但是苹果iphone的存在就与华为恰恰相反了，虽然苹果的价格昂贵，可是在其出色的品牌优势影响下，iphone的销量却不知是华为的多少倍了。在价格上华为手机的确存在优势，但在技术层面的影响下，价格昂贵的苹果iphone却比华为占据着更大的市场优势，这无疑就是质变带动的量变。所以华为要想在市场上占据更多的份额，学习苹果是相当必要的。只有努力发展核心竞争力，用核心竞争力去抢占市场，才能成功地做到质变带动量变。

在持久战中，质变对企业来说是至关重要的。质变为企业的竞争提供了物质基础，提供了保障。由质变带动量变，企业才能持续、长久的发展。

一个企业区别于其他企业也是靠“质”实现的，“质”是企业的本质体现，体现在产品质量、产品性能、企业品牌优势等方面。实现量的统一很容易，但是要想实现质的一致就很难了，因此要想在持久战中时刻保持竞争优势，就必须在“质”上下功夫。再加上，如今的消费者都注重质量，如果企业不在“质”上下功夫，只在量上追求最大化，就会偏离市场的轨道。

在讲究“质”的时候，也不是说可以不注重“量”的变化，其实在质变的过程中也会引起量的扩张。企业要想做到质变并不是一件容易的事情，并不是说企业想要质变就会迅速引起质变，而是一个慢慢积累的过程，先从一个点、一个角开始，然后在量上迅速扩张，才能最终完成质的飞跃。例如，解放战争时期的战略决战特别是三大战役，就是质变过程中量的扩张的表现。

由此可以看出，质变并不是单一存在的，而是与量变相辅相成的。在当今的市场中仅仅重视量变已经行不通了，量变只是为企业的占有率提供保障，但是却没有实质的竞争优势。因为如果没有质的飞跃，量变便不能长久维持。“量”只能在数量上满足消费者的需求，可是，现在的消费者对量已经不再追逐了，大家不再比谁买的东西多而是互相炫耀谁买的产品质量好价格又低。

消费者需求的变化就迫使着企业由传统的从量变到质变转变为由质变带动量变。企业如果不这样做不仅会失去竞争优势，还会丢失相当多的顾客，可谓得不偿失。虽然质变会带来一定的成本压力，但是，质变的结果会带来意想不到的量变，从而产生的效益会远远大于所付出的成本。孰轻孰重，企业家心里都有数。

质变看似是一个复杂的过程，其实不然，企业只需要稍作改变，就会取得不一样的效果。如果您的企业已经濒临破产，那就换一个方式经营吧，检查一下自己的产品方面是否出了问题，这个时候就不要在追逐量的超越了，解决“质”的问题才是关键。如果您的企业经营一如既往，也可以改变一下，在“质”上动脑筋，也许，您的改变就会将企业推向更高的层次。

由质变带动量变不仅是打持久战的前提条件，也是企业经久不衰的保障。

二、把握住从劣势转到优势的最佳时机

企业的竞争优势与劣势是相对的而不是绝对的，是在与竞争对手的比较中体现出来的。它随着企业规模、内部资源或战略方针的改变及竞争对手实力的变化，在不断的变化。在与竞争对手竞争时，企业不仅要善于利用各种条件保持住竞争优势，还要善于把握住机会逐渐消除劣势，使之转为优势。企业长期竞争优势的形成需要通过改善投资条件、生产经营条件来实现。对于处于竞争劣势的企业来讲，要改变这种状况，可以采取联合、协作、选择合适市场的策略。

打仗要讲究天时地利人和，企业经营亦是如此。企业发展的任何过程都离不开机遇，机遇与企业经营的成败息息相关。幸运的企业家或者说聪明的企业家能够及时发现机会，并把握住它，因而能够壮大企业；相反，还有一些人不仅不能创造机会还不懂得抓住机会，使得机会从身边悄然离去，不得不说他们是不聪明的更是不幸运的。

不论企业采用什么方法使自己变强变大，不仅需要决策者有

独到的眼光和魄力，还需要有很好的机会，这个机会可以是客观存在的，也可以是企业本身去创造的。

常听到许多人抱怨自己失败是因为没有机会，其实机会无处不在，就看你是否抓得住。有一句话叫“机不可失，时不再来”，在企业的生产经营过程中，要有在时机来临之前就识别它、在它溜走之前就抓住它的能力。抓住机遇就相当于抓住了财富，而抓住从劣势到优势的最佳时机，就相当于在持久战中多了一个筹码，为最终的胜利埋下了伏笔。

抓住机会主要体现在两个方面上：一是识机，而是择机。

在我们周围，机会无处不在，然而有的人对它视而不见，有的人虽然意识到了它的存在，却没有进一步认识它。对机会的认识，决定了对机会的选择。这就要求企业家不仅要能识别机会，而且要能当机立断地选择机会，在机会的四周徘徊，最终会失去它。

诺基亚公司就是一个善于抓住机遇的公司。它经历了由造纸、化工、橡胶、电子到今天的通信行业的发展转变，期间经历了100多年。

起初，诺基亚公司看到纸张销售情况良好，就成立了一个国际销售网络，通过这个渠道，诺基亚的产品第一次出口到俄罗斯，然后是美国和法国。诺基亚逐渐发展成为围绕纸、橡胶、化学制品等多产业的集团性大公司。

诺基亚在20世纪60年代进入电子领域，公司成立了凯布尔电子学部。诺基亚以独到的眼光选择了电子产品，在以后的十多年里，诺基亚活动式的电话和电信基础设施产品逐步出口到国际市场。到1980年，诺基亚发展成为集造纸、化工、橡胶、电子等多方领域的大型集团公司。1990年，诺基亚在数字通信技术中建立了领导地位。

到了20世纪90年代初，芬兰出现了严重的经济危机，电信和移动通话业务成了诺基亚主打的业务。诺基亚迅速作出调整，并开始重新部署其业务。1992年，公司决定专注电信业务。就是这次正确的决定使诺基亚发展成为今天世界领先的移动电话供应商和电信网络供应商。面对多元化的市场，诺基亚采取多元化的经营策略，其中包括产品人性化概念的提出，同时提供一系列不同的产品满足不同层次的消费者。

诺基亚之所以能取得今天辉煌的成就，与他们具有远见卓识和对人类需求的深入研究是分不开的。当然，最重要的还是因为诺基亚领导者能够抓住每一个市场机会，并把握住机会，从而使企业在危机关头，能够迅速掉头。

企业又如何辨别自己的优势和劣势以及机会呢？这就不得不说典型的SWOT分析法了。

SWOT分析方法是一种企业战略分析方法，即根据企业自身的内在条件进行分析，找出企业的优势、劣势及核心竞争力之所在。其中，S代表strength（优势），W代表weakness（弱势），O代表opportunity（机会），T代表threat（威胁）。

SWOT分析可概括为：首先，分析企业自身的优势、弱点，可以根据企业自己的战略目标进行分析，也可以根据竞争对手的实力进行分析，做到知己知彼；其次，分析企业外部的机会及现有的或潜在的威胁，通过对外部机会进行分析，有利于在适当的时间抓住机会，通过威胁分析，可以知道企业所面临的市场环境，以便做好准备迎接挑战；最后，将企业外部机会和威胁与企业内部优势和弱点结合起来分析，通过全面的、多方位的分析可以帮助企业制定持久战略。通过对企业外部环境与内部条件的分析，明确企业可利用的机会和可能面临的风险，并将这些机会和风险与企业的优势和缺点结合起来，形成企业成本控制的不同战略措施。

SWOT分析有四种不同类型的组合：优势－机会组合、弱点—机会组合、优势—威胁组合和弱点—威胁组合。优势—机会战略是一种发展企业内部优势与利用外部机会的战略，是一种理想的战略模式。弱点—机会战略是利用外部机会来弥补内部弱点，使企业改劣势而获取优势的战略。优势—威胁战略是指企业利用自身优势，回避或减轻外部威胁所造成的影响。弱点—威胁战略是一种旨在减少内部弱点，回避外部环境威胁的防御性技术。

众所周知，在现在的市场中，只是单方面地剖析自己已经不能面临四面八方的竞争了，只要某一方面存在缺陷，就有可能成为对方的把柄，对方就有可能以此缺陷为切入口找出软肋，一击致命。因此，企业要想在激烈的市场竞争中取得胜利，就必须做到“八面玲珑”，即通过SWOT分析，对企业有一个全面的认识，而不只是停留在某个方面。丰田汽车公司成功打入美国市场就是因为找准了市场缺口和进攻时机。

日本丰田公司首次进入美国市场，就面临“碰壁”的尴尬，美国舆论嘲笑丰田宝贝，将其称为："20年代的外观，30年代的质量，40年代的价格。"经过两年的时间，丰田公司将丰田宝贝进行改进，重新进入美国市场，但是由于价格偏高，仍然没有成功。又过了两年，丰田公司将丰田宝贝改名为丰田皇冠，再次进入美国市场，但是结果仍然令人失望。

三次惨败没有使丰田失去信心，相反，丰田公司开始思考问题所在。丰田公司清楚地意识到，作为初出茅庐的自己想打入通用、福特称霸的美国市场实属不易，于是它开始寻找突破口，而不是正面进攻。

通过大量仔细、深入的调查，丰田公司了解到美国人的传统观念正在消失，替而代之的是追求经济性、舒适性、便利性，同时还要求物美价廉、耐用、少耗油、精致。了解到还没有哪个汽车公司在朝着这个方向努力，于是，丰田汽车公司就巧占先机，设计出美国式小汽车——光冠车，受到了美国人的青睐，该汽车在美国市场获得很大成功。又加上美国两次石油危机，这使得光冠车在美国市场的销量大增。

可见，通过SWOT分析，企业不仅能够在市场中找准自己的位置，还能够使弱小的企业战胜强大的对手，SWOT分析还有很多好处，简单列举如下：

1.运用SWOT分析法可使复杂的市场信息更加清楚。随着企业如竹笋般屹立，市场竞争越来越激烈，如何利用企业自身的情况和竞争对手的情况做出正确决策，是企业要面临的最重要的问题。通过SWOT分析法列出企业的优势、劣势、机会、威胁，使复杂的信息清晰化，使企业决策者能够清楚地认识到自己所处的环境，并制定相应的战略。

2. 运用SWOT分析法可以使规划更具战略性。通过SWOT分析法，企业制定的战略措施会更加专业，更加具有战略性。因为SWOT分析法本身就是专业的分析方法，在对企业的各方面进行系统分析后，企业能够有根据地制定符合企业发展的战略。由此制定出来的战略会有力地帮助企业在竞争激烈的市场环境中取得成功。

3. 运用SWOT分析法可以把握从劣势到优势的最佳时机。这是最重要、也是最关键的好处，盲目地分析或者找出从劣势到优势的最佳时机是错误的，也是不可取的。企业要经过专业的分析，不仅知道自己的优势和劣势，还要清楚竞争对手的优势和劣势。这样才能有根据地选择何时才能化劣势为优势。而SWOT分析可谓是最全面的分析劣势和优势的方法。

我国有机化学的快速发展就是很好的例子，我国有机化学品行业经过多年的发展，产品在销路、技术水平、品种、质量等方面都取得了出乎预料的进步。许多有机化学品生产技术已经达到了新技术的要求，主要品种自给率也高达70%左右。有机化学品行业从仅仅满足消费者需求，发展到提高产品质量、降低成本、注重创新的更高层次。

有机化学品行业之所以突飞猛进，与其利用SWOT分析法是分不开的。经过分析可以知道我国有机化学品的竞争优势有：市场潜力大，贴近目标市场；原料来源丰富，为生产规模大型化提供可能性。劣势：生产企业规模小，生产成本高，降低了竞争力；技术创新能力弱，一些产品在品种、质量和数量上尚不能满足下游产品和相关行业及用户的需求，需依赖进口；大部分有机化学品利润率偏低。机会一是可实行集约化、专业化和国际化生产经营。机会二是新技术不断开发成功。例如：甲醇低压羰基合成醋酸已成为各公司普遍采用的工艺技术，催化剂的使用是其进行开发的重点，BP公司开发的Cativa铱系催化剂，在不需要更多投资的情况下，大大提高了生产能力，同时也降低了生产成本。机会三是国家宏观经济政策将成为企业持续、健康发展的主要支持。

从上面这个例子可以看出，通过对某个行业的SWOT进行专业分析，我们可以对自己有一个准确的认识，通过它可以帮助我们及时准确地抓住稍纵即逝的机会。

要想做到见机而动，必须懂得如何选择良机。良机不可能放在我们面前等着我们去发现，它通常是被掩盖着的，这就要求企业家能够审时度势，有一双“慧眼”，随时把握客观形势，透过现象看本质，这样才能抓住时机。

从劣势到优势的最佳时机不是靠“守株待兔”得来的，而是要靠企业家主动地去寻找，总是等待机遇，就会失去机遇。就像美国一句广为流传的谚语所说的：“在通往失败的路上，处处是错失的机会。坐待幸运从前门进来的人，往往忽略了从后窗进入的机会。”要在商业活动中有所作为，靠一味地蛮干是不行的，是不会收到什么大的“果子”的，要把握时机，将时机变为财富。

好人变为坏人很容易，坏人变为好人却很难，同样，劣势转为优势也是难上加难，难但并意味着不可能。要想成功地把自己的劣势变为优势，就要抓住机会这个关键要素。选对了机会就等于选对了方向，有了方向就相当于成功了一大半。机会就是企业的指路灯，也是企业的救世主，怎样掌控这个指明灯，怎样“讨好”这个救世主，就看企业采取怎样的战略了。

持久战中，劣势是自己的天敌，一旦企业具有了劣势，那就意味着存在威胁。怎样巧妙地避免这些威胁呢？寻找机会，寻找从劣势转为优势的最佳机会。

三、企业取胜持久战，文化做保证

要想打好持久战，就必须要有战略基础，这个基础一定要能代表企业的形象，代表企业的实力，更要能说明企业的内涵。这个重要的角色，也只有文化能胜任了。

企业文化是企业核心价值观的集中体现，承载着企业精神。今天，很多企业都认识到了企业文化建设的重要性，以文化推动企业发展。

然而，也有一些企业是企业文化建设中的“急行军”，把企业文化当做一种“形象展示”。例如，悬挂许多“催人奋进”的口号；片面追求办公室贴满文化海报；员工人手一本企业文化手册，结果是观赏的人很多，认真履行的人很少。

当前在商业竞争日益激烈的今天，越来越多的企业注重自身企业文化的建设，就如布鲁斯·亨德森所说：“战略者的成功往往取决于竞争者的文化、理念、态度以及行为特征。”企业文化是什么？迪尔和肯尼迪把企业文化整个理论系统概述为5个要素，即企业环境、价值观、英雄人物、文化意识以及文化网络。

企业的成长、发展，都离不开企业文化为其“保驾护航”。若企业的战略计划离开了文化，则一切战略都显得空白、没有说服力。可是我们的教育存在缺陷，书本上没有对企业文化作过多的说明，仅仅是一些空洞的理论知识。因此，那些受过教育的企业老板，在制定企业的战略规划时，往往受很多因素的限制，把学到的理论知识当作死板教条，因此他们制订的战略只能是机械的、保守的、稳健的规划而已。这些枯燥的战略犹如枷锁一样，把员工锁得紧紧的。看似严厉的规划在起着作用，殊不知，这些规矩无法唤起深藏在员工内心的热情和精神力量，战略执行的结果也只能是取得平庸的业绩。因此，在制定企业的发展策略时，应首先考虑到企业文化。

建设企业文化的目的是统一企业思想，使员工行为规范化，使团队更加团结，提高员工的工作效率，为企业创造真正的价值和效益。因此，文化建设其实是企业的一种战略投资。既然是投资，就必须讲究回报，追求收益最大化。而那些认为企业文化的建设犹如“昙花一现”的企业，只能获取表面的、短暂的回报。

企业的文化建设需要相当长的时间，企业家需要有打一场“持久战”的准备。企业要经过真正的调研，结合全体员工共同认可和遵循的准则，对自身的运作特点、行事方式等进行深入研究，逐步建立最为独特的文化标志。

烟台张裕集团有限公司的成功充分证明：重视企业文化建设，是企业生存和发展的根本战略，也是现代化管理的高层次选择。

百年张裕之所以饱经沧桑而历久不衰，其中必定有一个精神支柱——那就是文化建设。从1991年开始，公司就积极引导广大员工回顾张裕百年创业史、发展史，同时，在员工中广泛开展归纳提炼企业精神的活动。通过认真筛选，他们将张裕精神确定为“爱国、敬业、优质、争雄”八个字。他们结合公司创建一百周年庆典活动，把张裕精神分成4个专题，反复在员工中进行宣讲。充分利用《张裕报》、黑板报、宣传栏和知识竞赛等多种形式，并结合公司内部的典型事例，不断向员工宣传、灌输张裕精神。公司在职工中深入进行“今天不敬业，明天就可能失业；今天不爱岗，明天就可能下岗；今天工作不努力，明天就可能努力找工作”的思想教育。

张裕集团主要通过三个方面进行文化建设：通过用企业精神培育员工，增强企业凝聚力；发掘弘扬葡萄酒文化，扩大张裕影响力；塑造企业良好形象提高企业竞争力。

建设企业文化需要不断地总结和提炼，企业应通过建立完善的运行模式来升华企业文化。先通过“提炼”，再由“内化”到“传播”，然后“再提炼”，通过如此循环，建立企业的特色文化。

对于企业文化，要像爱护孩子一样，需要培育，并且要与企业长期战略相辅相成。企业只有实事求是，脚踏实地，逐步建设符合自身特点的企业文化，才能让文化之风经久不衰。

企业文化的内容是十分广泛的，但其中最主要的应包括如下几点：

经营过程中的哲学。经营哲学就是一个企业用来经营、管理公司的方法论原则。一个企业在激烈的市场竞争环境中，面临着多种选择和陷阱，这就要求企业用经营哲学来指导，用经营哲学决定自己的行为。例如，北京蓝岛商业大厦创办于1994年，它以“诚信为本，情义至上”的经营哲学为指导，使之在创办三年的时间内营业额就翻了一番，跃居首都商界第4位。

企业的精神风貌。企业精神就是企业员工的精神风貌，企业精神不是一天两天就能形成的，而是要通过持久的、特定的培训而培养出来的。

企业精神是企业文化的核心，在整个企业文化中起着支配的作用。企业精神更多的是体现在价值取向方面，一个企业的企业精神要以价值观念为指导，以实现价值为目标。

企业精神在一定程度上代表着企业的荣誉，企业精神通常用一些简短、易懂的文字予以表达，以便于职工铭记在心也便于对外宣传，容易在人们脑海里形成印象，从而在社会上形成个性鲜明的企业形象。如王府井百货大楼的“一团火”精神，意思就是用百货大楼人的光和热去照亮、温暖每一颗心，其实质就是奉献服务。

企业道德素质。企业道德是指调整本企业与其他企业之间、企业与顾客之间、企业内部职工之间关系的行为规范的总和。企业道德之所以重要，是因为企业道德是一个企业与外界建立良好关系的纽带，企业道德的高度决定了企业关系网的密度。没有哪个企业，也没有哪个消费者愿意和没有素质的企业打交道。道德口碑好的企业，不仅能够在消费者心目中树立良好形象，还能增强与其他企业的联系。中国老字号同仁堂药店之所以三百多年来长盛不衰，在于它把中华民族优秀的传统美德融于企业的生产经营过程之中，形成了具有行业特色的职业道德，即“济世养身、精益求精、童叟无欺、一视同仁”。

价值观念。所谓价值观念，是指一个企业的价值取向。企业的价值观，是指企业职工对企业存在的意义、经营目的、经营宗旨的价值评价，企业员工的价值观念同时决定了员工愿意为企业的付出程度，员工采取什么样的价值取向就会使自己的行为也朝着那个方向前进，因此价值观念是企业全体职工共同的价值准则。只顾企业自身经济效益的价值观，就会偏离社会主义方向，不仅会损害国家和人民的利益，还会影响企业形象。

企业的形象。企业形象是企业通过外部特征和经营实力表现出来的、被消费者和公众所认同的企业文化。

企业的形象分为外部形象和内部形象。由外部特征表现出来的企业的形象称为外部形象，如招牌、徽标、商标等，这些都是表层形象，容易被人辨识，并能形成印象；通过经营实力表现出来的形象称为内部形象，它是企业生产经营能力、管理水平、资本实力等的集中体现。外部形象是以内部形象为基础的，没有内部形象的支撑，外部形象也不能长久地保持，甚至不能建立起来。北京西单商场以“诚实待人、诚心感人、诚信送人、诚恳让人”来树立全心全意为顾客服务的企业形象，而这种服务是建立在优美的购物环境、可靠的商品质量、实实在在的价格基础上的。

最后，是企业文化结构。如果之前所说的那些企业文化都是一个个点，那么，企业的文化结构就是一条条线，而且是连接那些点的线。企业文化结构是指企业文化系统内各要素之间的时空顺序、主次地位与结合方式，企业文化结构反映与测量着企业文化的构成、形式、层次、内容、类型等的比例关系和位置关系。它表明各个企业文化要素如何有机、有序、完美地链接在一起，形成企业文化的整体模式。

一位优秀的老板可以搞好一家小公司，一套完整的制度可以支撑一家中小型企业，而企业要想基业长青，就必须要靠企业文化做铺垫。我们可以把企业的发展历程看成是企业文化的发展壮大过程，不同的资源形成不同的市场，不同的文化同样成就不同的企业。文化的差距在一定程度上也决定了公司之间的差距。因此了解文化在企业中的作用对于了解企业如何走向繁荣至关重要。而企业文化在企业发展中又具有什么样的作用呢？可以通过以下的几个方面来进行表述。

1. 约束企业员工的某些行为。企业文化对企业员工的思想、心理和行为具有约束和规范作用。企业文化的约束不同于一般的制度，它不是采取强硬的手段，而是一种无形中的约束，这种约束产生于企业的企业文化氛围、群体行为准则和道德规范。企业的精神文化内容，会使企业成员形成从众的心理，并产生心理共鸣，继而控制自己的行为。

2. 引导企业和企业员工的行为。企业文化能引导企业和企业成员的价值及行为取向。企业文化不仅能对企业整体的价值取向和经营管理起导向作用，还能对企业成员个体的思想和行为起导向作用。一个企业的企业文化一旦形成，就会促使企业员工不自觉地维护与企业文化有关的行为，从而引导企业成员的价值和行为的取向向企业文化价值观和规范标准靠拢。

3．将企业员工凝聚在一起。一旦企业员工认同了统一的企业文化，每位员工的行为就会朝着一个目标前进，从而企业文化产生一种巨大的向心力，这种向心力使企业员工牢固地凝聚在一起。企业文化属于软调控，它能使全体员工在企业的使命、战略目标、战略方针、沟通协调等基本方面达成共识，这就从根本上保证了企业人际关系的稳定性、和谐性和健康性，从而增强了企业的凝聚力。例如，日本大财团三井公司有着坚定的“集体主义”价值观，使得其在经历20多年的分崩离析后又重新聚合在了一起。

4．增强品牌效应。企业在公众心目中的品牌形象，是建立在企业的产品、服务和企业的文化基础之上的。独特的、优秀的企业文化能提升企业的品牌形象，产生巨大的品牌效应。无论是世界著名的跨国公司，如“微软”“福特”“通用电气”“可口可乐”，还是国内知名的企业集团，如“海尔”“联想”等，他们独特的企业文化都在其品牌形象建设过程中发挥了巨大作用。

谁拥有了企业文化优势谁就拥有了竞争优势。随着市场经济的深入，企业进入了全面竞争的时代，生存和发展成为企业的两大主题。新形势下，市场竞争的核心实际上是企业文化的竞争。企业文化是企业综合实力的体现，是知识形态的生产力转化为物质形态生产力的不竭动力。

1812年，美国花旗银行成立，经过近两个世纪的发展和培育，已成为世界规模最大、声誉最好的全能金融集团。花旗之所以能够经久不败，不仅与其开拓创新的发展战略有关，还离不开其卓越的企业文化。

花旗银行自成立以来，一直本着“以人为本”的原则，十分重视对人才的培养。其实，企业文化就是一种重视人、以人为中心的企业管理模式，建立先进的企业文化，就是要把管理的重心放在“人”这个中心上，要坚持把“以人为本”的思想贯穿到企业文化建设的全过程，尊重人、关心人，最大限度地调动员工的积极性。

花旗银行企业文化的最优之处就是把提高服务质量和以客户为中心作为银行的长期策略，并充分认识到实施这一战略的关键是建立品牌效应。花旗虚心地向飞利浦、万宝路公司学习，经过潜心探索，取得了巨大成功。目前，花旗银行的业务市场覆盖全球100多个国家的1亿多客户，服务品牌享誉世界，在众多客户眼里，“花旗”两个字代表了世界顶尖级的服务。

另外，在花旗银行，不管是发展战略还是服务形式，都在不断地进行创新。花旗相信，大胆的决策、领先的思维是企业突破性发展的关键。谁能预见未来，谁就能拥有未来。

花旗银行凭着自己独特的企业文化优势，在市场上开辟了属于自己的一片天地。

企业文化是与企业相伴而生的客观现象，在企业形态诞生之初，就存在了企业文化。

从20世纪70年代起，由于日本经济发展迅速，其产品大量冲击美国的市场。美国学者经多方比较与研究发现，日本经济发展的重要原因之一是成功的企业管理。日本企业十分注重全体员工共有的价值观念；注重企业的文化因素；注重企业中的人际关系；注重强化员工对本企业的向心力。通过比较，美国学者认识到，文化是企业管理中不可忽略的重要因素，对企业的发展有着深刻的影响作用。

企业文化是信念、道德、心理这三种力量的诞生体，这三种力量的相互结合，相互融通，形成了企业的文化优势，成为企业战胜困难、取得胜利的无形力量。

现在，之所以还有很多企业没能成功地建设企业文化，就在于他们在对企业文化的认识上还存在很多“黑洞”。在探索企业文化建设的过程中，一些企业对企业文化的认识还存有片面、机械、形式化的问题，具体表现为：一是一味地效仿，只重形式而不注重实质。二是对企业文化的概念认识模糊，只是从字面意思，依照自己的看法理解企业文化的内涵。一些企业误把企业内部开展的文体活动当成企业文化，所以只热衷于轰轰烈烈的文体活动，却没有明白企业文化的基本内涵。三是光说不做，流于形式。在一些企业中，到处都是标语口号，而管理思想则另行一套，没有起到凝聚、激励员工的作用。

企业文化的建设是一个严肃的问题，决不能掉以轻心。稍有不慎，说不定就会落进自己打的井里。企业文化不是用来看的，更不是用来“背”的，而是用来施行的，没有实施性的企业文化不叫企业文化。

那么，企业究竟怎样才能做好企业文化的建设呢？可以采用以下的措施和途径：

第一，将企业文化建设与企业管理融合在一起。加强企业文化建设并不是要抛开制度管理。没有较完善的规章制度，企业就无法进行有效的生产和经营活动。通过文化对管理的先导作用，可实现职工与企业的共同目标，使企业不断提高品位，提升企业在市场中的竞争力。

第二，企业文化的建设必须建立在可实施性的基础上。一个企业的文化能否持久维持，很大程度上取决于其可实施性以及有多少员工实施。企业文化不是摆在那“供”的，而是要拿来用的。尽管企业文化很神圣，但是，我们必须履行，将企业文化的实质内涵落实到工作中去，落实到与消费者打交道的过程中去，落实到与其他企业的合作中去，只有这样，一个企业的文化才具有实质的意义。

第三，企业文化必须要得到企业全员的认同。一个企业要想增强内部的凝聚力和外部的竞争力，必须首先形成一致的理念，并且能够得到有效的贯彻落实，使职工的个人行为被迫转为主动，使之符合企业发展的需要。

企业文化是一种力量，随着知识经济的发展，它对企业的兴盛起着越来越重要的作用，让我们看一下IBM建设企业文化的措施和途径。

IBM迅速成长的半个多世纪，是世界经济大发展时期，也是市场竞争最激烈的时期。它的成功与其企业文化密不可分，它的企业文化是在老托马斯·沃森和小托马斯·沃森父子两代人的共同经营中创造出来的。

首先，IBM倡导尊重个人的信念。IBM公司经营的宗旨是尊重人、信任人、为用户提供最优服务及追求卓越的工作。这一经营宗旨就是其价值观，它指导IBM公司的所有运营活动。老沃森制定了一系列的政策以保证合理安排员工的工作岗位，让有能力的员工得到有挑战性的工作。当他们工作的时候，能够感受到公司对他们的关怀，从而愿意为公司效力。在日常管理中，IBM更注重尊重员工人格，并启发员工自己尊重自己。自公司成立以来，就有一套完整的人事运作系统。此外，公司职位晋升时永远在自己公司员工中挑选人才。

其次，IBM始终本着为顾客服务的理念。他们的响亮口号就是“IBM就是服务”。公司十分重视培养推销员的素质和为客户服务的“客户工程师”的态度。规定要在24小时之内回答顾客的问题。IBM还有个好作风，即无论是客户工程师还是销售人员，在遇到客户设备出现故障的时候，一定要盯在现场帮助抢修，直到设备能正常使用为止。此外，公司的专家还专门守在电话旁边等着提供服务或解决软件方面的问题。这些行为感动了客户，培养了一批批忠实的客户群。

最后，IBM对任何事物都抱着追求最理想的观念。公司设立一些满足工作要求的指数，定期抽样检查市场以了解服务的质量。IBM公司是一个具有高度竞争环境的公司，它所创造出来的气氛，培养了具有高度竞争观念的优秀人才。它倡导每一个员工都要具备卓越的精神理想，用这种精神理想去推动工作，在工作中力求有杰出的表现。

IBM完善的文化规则使其在市场中获得超乎寻常的成功，它已经拥有40多万员工，2014年营业额达到928亿美元。

综上所述，企业文化关系着一个企业的生存和发展。良好的企业文化会对企业整体的氛围和形象产生积极的影响。企业文化建设不是一个一蹴而就的过程，必须坚持长期建设和不断创新。企业文化建设的长期性，在于它伴随着企业建设和发展的全过程，这样的企业文化建设才能取得显著的效果。而企业要想在持久战中，比竞争对手拥有更多的竞争优势，就必须注重企业的文化建设。

四、打好商场持久战，企业带头人很关键

一个企业想要在持久战中获得区别于竞争对手的竞争优势，其中最重要的一点就是要拥有一位优秀的领导者。

为什么在企业中领导者如此重要？因为企业的领导者是企业的创造者：为企业的长期发展确立正确的指导思想，为企业创建优秀的企业文化，为企业建立严格的管理制度和良好的用人机制。

任何企业的发展都不可能一帆风顺，但重要的是当企业经营陷入困境时，领导者能以其杰出的经营管理能力刺激变革，独霸一方。与一般企业不同的是，多数优秀大企业在遭受挫折时总能最终走出困境，而带领企业走出困境的正是企业领导者。

先进的文化理念和科学的组织建设在企业的持续发展中固然很重要，但是企业如果没有领导者，企业就不会诞生，核心理念就不会被提出；如果没有一代又一代领导者强化核心理念和不断地刺激变革，企业也不可能长存。因为在企业中决定做什么，并且促使其发生的人是领导者。正是由于领导者在企业发展中的特

殊地位，所以如何保持企业领导的一贯性，就成为企业能否可持续发展的关键因素之一。

作为成功的领导者，他们成功的秘诀又有哪些呢？

一靠权威。有了影响力，管理者便浑身散发着领导魅力。娴熟地运用权力，让手下人心甘情愿地服从你，任你调遣，你就成了一个好领导。

二靠知心。做一个有人情味的领导，需要的是亲和、随和与善解人意的性格，同时还需要了解人性、关注人的需求欲望。当下级把你当作自己人的时候，你的目的便达到了。

三靠学问。政治学、心理学、语言学、管理学、关系学，都能让领导者从中发掘无穷的智慧和潜能。因此，一个优秀的领导者是一个虚心好学、不断完善自己的知识结构、不断加强自身修养的人。

四靠智慧。虽然个人微不足道，但只有沟通心灵，凝聚起每个人的力量，才能激发人的向心力和协同力。

作为领导，并不意味着什么都得管。应做到权限与权能相适应，权力与责任相结合。什么都干的领导是什么都干不好的。记住，当你发现自己忙不过来时，你就要考虑是否应该向下放权。

武建强，是中国铝业广西分公司总经理。他正直诚信，果敢稳健，坚韧豁达，勇于创新；他传承中国铝业广西分公司“真抓、实干、严管、创一流”的企业精神，提出“样样争第一，全面创一流”的企业发展新理念新思路，率领全体企业职工创造了崭新的业绩，进一步巩固了中铝标杆企业的地位。

他曾担任山西铝厂副厂长，中国铝业山西分公司副总经理，山西华泽铝电有限公司党委书记、副总经理，山西华圣铝业有限公司董事长、总经理、党委书记。

2009年，中国铝业广西分公司最先走出经济危机带来的巨大困境，超额完成年度计划，实现利润3亿元，成为中国铝业公司的标杆企业。2009年底，武建强带着中国铝业公司的重托，调入广西分公司任总经理。2010年，在后危机时代铝市场产品过剩、价格低迷的状况下，中铝公司控亏增盈形势严峻，中铝公司党组希望广西分公司多创利润，多做贡献。

这是武建强总经理履新后面临的重大问题。他一边深入各生产厂调研，一边组织公司领导班子和有关部门商讨选择绩效档次。

调研结果不容乐观。但武建强毅然决定："我们要以超越极限的勇气，胸怀中铝控亏增盈的大局，尽最大的努力创造利润！"针对公司氧化铝板块盈利能力强、电解铝板块盈利能力弱的局面，武建强集思广益，率企业高层团队，确立了"实施全方位、全过程的成本领先战略，靠全员挖潜增效、降本增利来实现目标"的构想。

与此同时，他引入市场价格机制，以市场售价倒算产品价值链各节点的预算成本，并据此核算职工的绩效工资。2010年，中铝广西分公司创造了氧化铝产量历史性地达到205万吨的新纪录，年利润12.73亿元，超过考核指标2.94亿余元，业绩比2009年增长4倍以上，成为中铝公司赢利最大的一家成员企业，为中铝公司打赢控亏增盈攻坚战做出了重大贡献。

在抓好年度生产经营的同时，武建强身体力行，为企业的长远发展和做大做强不遗余力地工作。

在他的率领下，公司成立了创建世界一流企业领导小组，指导公司开展“生产经营创一流”“企业发展创一流”“管理改革创一流”等系列研讨会，研讨公司创建世界一流实施规划；推行将企业文化理念、核心目标在电脑桌面展示等创新做法，提升企业形象。在他强有力地带动下，公司在企业文化与生产经营、安全环保等方面实现了有机结合，得到了广大干部职工的认可。

武建强高度重视企业基础管理工作。他指出，经营预算是企业经营和内部控制的指南针、总目标，只有强化基础管理，提升发展后劲，才能促进企业健康发展。

他高举改革大旗，正确决策。在他的组织下，公司出台了工程技术人员激励办法和中层干部退出职位任调研员实施办法，设置首席工程师、主任工程师、主管工程师、区域工程师、支持工程师五级技术职务，坚持评聘分开，为受聘技术职务人员增设激励工资。

2010年，在武建强为首的公司党政班子领导下，广西分公司不仅企业生产经营业绩突出，而且员工收入稳中有升，从在岗员工到退休退养职工，大家心顺气和，企业的凝聚力和员工的归属感、幸福感大大增强，员工们对企业的美好未来充满信心。与此同时，他本人在2007年被评为“山西省特级劳动模范”，2009年被评为“中央企业劳动模范”，2011年荣获“全国五一劳动奖章”。

从武建强的实例中，我们不难看出，作为一个优秀领导者应该具备以下几种能力：

纵览全局与规划的能力。领导者的规划能力，并非着眼于短期的策略规划，而是长期计划的制定。换言之，卓越的领导者必须深谋远虑，不能目光短浅，只看得见现在而看不到未来，而且要适时让员工了解公司的远景，才不会让员工迷失方向。特别是进行决策规划时，更要能妥善运用纵览全局的能力，有效地利用部属的智慧与现有的资源，避免人力浪费。

沟通协调能力。为了了解内部员工互动的状况，倾听员工心声，一个领导者需要具备良好的沟通能力，其中又以“善于倾听”最为重要。唯有如此，才不至于让下属产生畏惧感，不敢提出对公司有用的建议。

同时，现在是国际化的时代，领导者要与世界各地的其他领导者交流、沟通，因此，领导者的沟通能力在很大程度上代表着企业的形象。一个会沟通的领导者可以为企业带来意想不到的收益。

关键时刻的决策能力。在民主时代，虽然有许多事情以集体决策为宜，但是领导者仍要经常独立决策，包括分派工作、人力协调、化解员工纷争等等，这都考验着领导者的决断能力。

率领团队的能力。有句话是这样说的：“一个领袖不会去建立一个企业，但是他会建立一个组织来建立企业。”根据这种说法，当一个领导者的先决条件，就是要有能力建立团队，才能进一步建构企业。

获得能力相对来说比较简单，既然能成为企业的领导者，就说明其本身具备一定的能力，而要获得以上所说的四种能力，领导者必须本身拥有一些技能，这些技能包括：

1．领导、激励和沟通技能。领导者完成组织目标而具备的领导、激励和沟通技能又称为领导者的人事技能。

2．掌握一定技术的技能。指对某一特殊活动——特别是包含方法、过程、程序或技术的活动的理解。它包括专门知识、在专业范围内的分析能力以及灵活地运用该专业的工具和技巧的能力。

3．思考的技能。就是把企业看成一个整体的能力，包括识别一个组织中的彼此互相依赖的各种职能，一部分的改变如何能影响所有其他各部分，并进而影响个别企业与工业、社团之间，以及与国家的政治、社会和经济力量这一总体之间的关系。即能够总揽全局，判断出重要因素并了解这些因素之间关系的能力。

领导者最大的特点就是能够帮助企业设计出独一无二的优势战略。我们可以通过一些例子来证明企业领导者在企业发展中所发挥的重要作用。

提到通用电气（GE）就不得不提它的领导者杰克·韦尔奇以及他所提出的“数一数二”战略。GE在20世纪80年代取得的骄人的成绩、高速的发展，使得“数一数二”战略成为世人瞩目的焦点，备受世人的赞誉与敬仰。在不断变化的市场竞争中，“数一数二”战略似乎成了企业制胜的万能法宝。

“数一数二”战略无疑使GE获得了方向感，通过成百上千次的出售和并购，GE的业务领域更为明确，在每个领域的竞争力也更为强大。但随着时间的推移，这一战略似乎出了一些问题，

"数一数二"战略限制了企业的业务发展空间，阻碍公司的进一步发展。为了保持企业持续、稳定地高速增长，韦尔奇又向这一战略发起了质疑：如果GE坚持"数一数二"的战略，是否意味着它将放弃很多很好的发展机会？

于是，从1997年开始，当大家还沉迷于"数一数二"战略所带来的效益时，杰克·韦尔奇已经不再提到"数一数二"战略。取而代之的是"重新定义市场"，以一种更为广阔的视角来看待其所面对的市场。这样，GE能够更广泛地开拓市场，而不仅仅是占市场的百分之几。例如，从1997年开始，GE开始为飞机发动机提供修理服务和配件。

同时，杰克·韦尔奇还非常清楚，"数一数二"战略在一个完全竞争的市场环境下，是不能获得垄断市场的规模优势的。但"重新定义市场"战略的提出并不意味着GE放弃了对"数一数二"战略的运用。"重新定义市场"也不是对"数一数二"战略的推倒重来，而是在原有的基础上，通过不断地修补、改进、完善，使之焕发出新的生命力。

事实证明，韦尔奇扩展了"数一数二"的战略，重新定义市场的战略不仅没有使其受到限制，反而使GE在夺取关键市场时显得更具进取性，而且通过放大自己的思维，赢得了更多的业务。

GE的步伐在韦尔奇的带领下正迈向更广阔的领域。

作为一个领导者，还有一点很重要，那就是尊重人才、创造人才。当今世界，企业与企业的竞争，固然需要货币资本，但是人力资本也是不可忽视的要素。谁拥有了具有丰富的理论知识和实践经验的人力资源，谁就拥有了人力资本，拥有了竞争优势。

因此，在评价一个企业的领导者的时候，能否尊重人才、创造人才就成为评判其功绩与能力的重要一点。

SUN公司的成就与其创始人麦克里阿利的贡献分不开。他的市场前瞻能力、创新能力和热情奔放的领导风格受到人们的钦佩。麦克里阿利特别尊重人才，他认为人才是SUN的最大财富。

另外，本田的人力资源管理模式也值得很多公司学习与借鉴，虽然竞争的市场中企业才是最终的航船，但是如果没有一流的人才为企业保驾护航，想要在持久战中取得永久的胜利简直是天方夜谭。

作为企业领导者，冒险与创造精神也是不可缺少的。在竞争激烈的市场中，没有创新精神，是不可能跟上时代前进的步伐的，没有创新，你只能落后。落后就要挨打，这是不变的真理。然而，领导者在实施创造能力的同时，还必须具备冒险精神。任何创新的行为在得到市场认可之前，都具有很大的风险，在这种压力下，领导者是否能够承担这样的风险坚持自己创造性的意见，直接关系到一个企业能否将创新进行到底。人们熟悉的苹果公司与戴尔公司的领导者都是这方面的典范，他们创造了一个个创新与冒险的神话。

不管是管理者还是领导者，作为企业中起带头作用的个体，对企业发展都具有至关重要的作用，他们素质的高低直接关系着企业的可持续发展。

第七章

综合运用：世纪商战的启示

一、可口可乐占据市场先机

一场战争的胜利与战场的先机占领有着很重要的关系，好的开头就等于成功了一半。在商业战争中，市场的先机占领似乎比战争更重要些。人们常说，先来的吃肉，后到的喝汤。市场的利润其实是有一定的极限的，能够抢占先机你就能从这有限的利益中占据到更多的份额，获得比别人更多的利益，这样你就有了比他人更加坚实的基础，那么在以后的发展中你就能步步都走在他人的前面，正所谓，一步先则步步先。在持久战中你如果能步步先于对手，那么持久战的运用就会更加成功，收获更大利益。

可口可乐公司就是在市场先机占领上做得非常成功的一个。

可口可乐公司，总部设在美国乔治亚州的亚特兰大市，目前是全球最大的饮料公司，又是全球软饮料销售市场的领袖和先锋，拥有世界最著名五大软饮料品牌中的四个：可口可乐、健怡可口可乐、芬达及雪碧。全世界共有200多个国家及地区的消费者可以在当地享用这个公司提供的各种饮料。

至2003年，可口可乐公司总共拥有370多个品牌。除了可口可乐外，其他三个主要国际品牌和众多其他品牌的产品包装下都注明“可口可乐公司荣誉出品”字样。可口可乐公司的这种多品牌战略是以可口可乐这一强势品牌为核心，雪碧、健怡可口可乐、芬达为二线保护品牌，其它品牌为第三线的补充品牌，从而组建其品牌家族。这种品牌结构的主要优势在于三线品牌之间保持着相对合理的品牌距离，使得他们既可以相互支持和保护，一荣俱荣；又可以适当的规避品牌间的连带风险，不至于一损俱损。

可口可乐公司之所以取得这么大的成就，是因为它具有科学有效的经营策略。

通过观察可口可乐公司的历史发展，它在全球的业务发展历程可以分为三个阶段：

第一阶段，1923年到二战前，是可口可乐公司谋求全球化发展的初始阶段。1923年，罗伯特·伍德夫当选该公司总裁。可口可乐能够成长为全世界最受欢迎的饮品，他起到了至关重要的作用。罗伯特·伍德夫上任后就着手成立可口可乐“海外事业部”。此外，他还刻意提升可口可乐在品质方面的影响，并在全球各地大力增强推销及宣传广告计划。至1929年，可口可乐已分别在28个国家，拥有64个特约监制商，并于当年成立可口可乐海外发展公司，专门处理国外事务。

第二阶段，二战期间，是可口可乐公司在全球高速发展的阶段。为了使长期远离家乡的士兵们能够通过饮用可口可乐的方式延续其美国式的生活，提高他们的士气，在美国政府及军队的积极要求和全力支持下，罗伯特·伍德夫承诺要在全世界任何地方为美军三军人员生产5美分一瓶的可口可乐，从而可口可乐公司开始了在世界各地大力发展装瓶业务，销售可口可乐系列产品的过程。伴随着美军士兵的足迹，到第二次世界大战结束，可口可乐年销量已达50多亿瓶，仅在世界各地的可口可乐装瓶厂就增加到了64家。

第三阶段，二战结束后，是可口可乐调整公司策略推动全球化发展的阶段。随着第二次世界大战的结束，以及大批参战美军的回国，可口可乐公司在海外铺下的大摊子也将从战时以美国国防部的人力和财力作为军需生产维持，转变为必须依靠公司的自身力量独立支撑。可口可乐的海外市场面临着迅速萎缩的危险。在这种背景下，伯特·伍德夫及时发展了公司的全球化战略，从而将可口可乐公司的全球化水平带到了一个新的高度。至2003年可口可乐公司已经在海外建立了1200多家装瓶厂，销量达到194亿标准箱。

其实从上面的三个阶段可以看出，不管是在发展的哪个阶段，可口可乐公司都能很好地抢占市场先机，并能根据当时的社会环境，通过各种有效科学的经营策略使可口可乐公司发展为如今饮料市场的领军企业。这样的先机占领就是它能够发展成如今的行业巨无霸的最大的助力，这与我们的谋而后定的策略不同，可口可乐公司似乎更加推崇先下手为强的理念，而这样的理念也的确给它带来了巨大的成功，所以我们可以看到，抢占先机对一个企业发展的巨大的作用。如果企业在发展的过程中抓住市场先机，对于企业以后的发展将起到不可估量的作用。

可口可乐公司是一个极其善于捕捉商业先机的公司，这是其可以推动企业全球业务的发展，并使可口可乐品牌屹立百年，成为傲视世界饮料王国的头号霸主的一个重要因素。

在可口可乐的全球扩张时期，似乎在世界的任何地方都能看见其身影，就在柏林墙倒塌的同一时候，德国的统一也为可口可乐提供了一个展示自身吸引力的好机会。它第一时间占据了这个新生的强大国家的市场，不断地发展自己，使自己一直保持着最大的市场占有量一直到现在，这么多年的市场占领给其带来了巨大的利益。1994年，美国政府正式宣布解除对越南持续30年的贸易禁令后的24小时之内，可口可乐公司的产品就已经发往越南了。同样，2000年6月21日的中午，这一天，也就是美国宣布部分解除对朝鲜持续50年制裁的第三天，第一批9600听可口可乐软饮料就用卡车从中国的丹东运入朝鲜境内。不论市场在哪里，哪里都有可口可乐抢占市场的身影。可口可乐的这些举动使可口可乐成为商家抢占商业先机的典范，但可口可乐公司却认为这是非常自然的事，依此可以看出可口可乐公司对市场先机的重视和敏锐的观察力。

此类的事例在可口可乐发展史上还有很多，通过对先机的占领来扩大其在全球的事业的发展，可以说，这样的抢占先机的策略在可口可乐的发展过程中是占着举足轻重的地位的，如果没有其成功的先机政策，可口可乐公司的发展绝对没有这样的成功和顺利。提前进入市场，开发一块处女地，绝对比抢占一个已经成为城市商业地带的市场更加简单，在对手尚未发觉时果断地进入，发展成熟，羽翼丰满后等待对手的进入，那么等到对手发觉再进军时，会发现横亘在自己前面的已经是碉堡一样的存在了。不可战胜的念头就会进入他的脑海。这样的成功就像不战而屈人之兵一样。其实，自古以来，抢占先机都是竞争中不可或缺的要素之一。

《孙子兵法》中有：“善战者，求之于势，不责于人，故能择人而任势。任势者，其战人也，如转木石。木石之性，安则静，危则动，方则止，圆则行。故善战人之势，如转圆石于千仞之山者，势也。”

孙子认为，战略的最高准则是“以势取胜”，而不是苛责部下以苦战取胜，这就把“势”提到了指挥艺术的最高峰。他并未给“势”下定义，而是巧借自然现象作比喻，说：“激水之疾，至于漂石者，势也。”意思是说：激流飞下，能够冲走石头，正是因为迅猛的水势所造成的，因此，有“势不可当”这个成语。

其实从孙子的话中，我们可以看出，抢占先机的重要作用体现在“势”上，优势的存在就是通过抢占先机来奠定基础的，而在这方面可口可乐显然是做得相当成功的。在造势方面无疑他是一个高手，懂得一旦在竞争中高筑平台，占据制高点，其“势”便可转化为不可遏止的攻击力，这样就成就了一种势不可挡的优势，造就一种对竞争对手要害部位具有致命威慑力量的态势。并且体现了“任势”的功力：即在势形成的最佳时刻发起攻击，胜敌于敌势未张。

显然从“造势”二字可以看出，势是造出来的，它的存在是在一定前提下的，所以它就意味着企业的竞争优势不是靠消极等待而得来，而是靠主动创造；这在竞争过程中更体现了一种主观能动性的因素在里面。那么造势成功了就要能够利用势来做事了，那就是常说的：“任势”二字，从这两个字我们也可以看出这是一种凭借优势、以势压敌的策略。当势积累到一定程度，那就是蓄势待发了。从而犹如脱笼而出的猛虎不可阻挡了。虽然木石沉重，用蛮力去搬只能是事倍功半的结果，但是以势动则事半功倍。造势需要有超群的商业敏感，任势需要有强大的行动力。这两点都不是能简单办到的，它需要的是敏锐的感知和一往无前的气势。

在当今的市场中，最难得的莫过于时间了。在激烈的商品竞争中，最易失去的是时机。时间之于商场就是黄金，也许只是相差几分钟的时间，就能决定一个企业的未来的命运。所以往往越是珍惜时间的人越觉得时间宝贵，总是不能切切实实地将之把握；越能觉察到时机的人，越觉得时机太难把握，稍纵即逝。聪明的人在发现时机时第一个想法是怎么去抓住它，而没有危机感的人呢？却还在想应不应该去抓住它。但是只发现到时机还远远不够，关键是如何能把握住时机，抢在众人之先占有时机，并充分将它转换为胜利的必要条件。纵观中外商海战事，凡能占尽先机者，都具有敏锐的眼光和非凡的韬略。在瞬息多变的市场争雄中，占先机者善于见人所未见，想人所未想，快人一步，胜人一筹。无论是强攻硬取还是明争暗斗，皆能以快制胜，为他人先。那么如何才能抓出机遇呢？这就让我们不得不想到兵法中的策略了。

兵法上的策略在商场上往往就是一剂剂良药，在孙子兵法中，它讲究的是“得兵机之先，成定谋于前”，这剂良药被称作

"庙算"之法，意思是说，在决策的时候，一定要经过详尽的谋划、筹备，对各种可能性进行充分的论证和演练，就像军事演习中的沙盘演练。经过"庙算"之后，一定可以获取商战的先机，掌握未战已胜的制高点。通过透视商战中的作战诸方从不同角度、位置，运用各种谋略、方法抢占先机而获取胜利的实例，不难看出对"先机"的把握往往只是在于商者心理的一念之差。可就是这一念之差，却使结果谬以千里。但是毕竟先机是一种"无形"的东西，其本身就潜伏着许多风险。如果不能很好地判断机会是否"占先"或判断完全错误，那后果也是不堪设想的。有鉴于此，抢占先机的要旨在于不可莽撞行事，也不可寡断少决，要依靠才智和胆识并辅之以知识和经验，才能在商战中抢占先机，开拓进取。

就像汽车业在日本的发展一样，他的成功就是"庙算"的一种具体的体现，不愧为神机"庙"算。二战之后日本百废待兴，汽车业更是一片空白，而美国和欧洲俨然已经是汽车王国，但是当时的日本企业界却毫不气馁，准备着有朝一日成功打入汽车王国，占领美国和欧洲的汽车市场，但是这样的理想在当时看起来，简直就是一个天方夜谭的幻想。

但是二战后世界殖民地国家纷纷独立，日本汽车界经过分析，得出一个结论，原殖民地国家的石油产业必将纷纷收归国有，当这些独立国家的经济实力和政治实力进一步壮大的时候，他们为了获取更多的收入，提高油价是迟早的事情。于是当欧美汽车企业在大力研究外观、安全性能等技术的时候，日本汽车界却在埋头苦干，积极研制汽车省油技术。因此1973年世界石油危机爆发的时候，日本节油汽车由于其省油的特点在欧美等汽车强国大行其道，不到一年的时间就占据了汽车王国的市场，这是以先机占领市场的最生动的案例。

而另外一个例子就更加鲜明地道出了抢占先机的妙用了。早在10年之前，当所有人还在如何为门的美化而绞尽脑汁的时候，谁也无法相信，防盗门生产会成为一种新兴产业。

而有这样的一个公司却抓住了这个机遇，它没有随波逐流，而是果断地投入到防盗门的发展中去了。就是这样一个只有十几个人、七八条枪（焊枪）的叫做“美心”的小工厂，在许多大型企业还沉浸在计划经济之中时，开始了他们防盗门技术的发展。手握大笔资金的大公司，对既无成套技术，又无专业设备且生产前景模糊不清的防盗门生产不屑一顾。而在美心的创始人夏明宪先生看来，这些大公司的放弃正是一个让美心快速发展的契机，因为大型企业若是发现这样的市场，那么以一个小小的民营企业是如何也斗不过计划经济下的大企业的。而就是靠着这样的敏锐市场洞察力，美心于1989年在全国率先开始防盗门的研制生产、并且迅速着手批量生产和技术改造。其重重困难真如在石缝中撒种，任何一阵风雨都可能把它扼杀在萌芽里。而当大企业发现该市场大有可为时，原来的防盗门小企业已成长为羽翼丰满的企业集团。“美心”和其他防盗门生产企业已利用行业的特点，通过规模优势和成本优势领先一步，筑起了一道阻止新企业进入的篱笆。

在十年之后的今天，全国已有近3000家防盗门厂迅速崛起，而这些企业错过了最初的市场的抢占，他们已经没有多大的优势可言了，但是在最初就注意到这个市场并果断进军的“美心”较之其他后来的企业就有着很大的市场优势了：有前期的各种部署和各种各样的资源上的优势。所以，在许多企业同时在这个狭小的市场竞争时，这样的优势无疑给“美心”创造了相当大的发展空间。

从以上的种种事例当中我们不难得出：在商业竞争中务必要抓住机遇抢占先机，因为机不可失，失不再来。抓住机遇的同时我们也要积极地去创造机遇，我们不能一直守株待兔，毕竟机遇不可能永远存在。通过对市场、环境和各种政策的分析与观察，及时准确地把握住行业内出现的各种机遇，既可以帮助公司摆脱面临的各种困境，也可以促进公司的可持续发展。在当今社会谁能先洞察先机，谁就能最快最稳地占领市场，谁就是最后的赢家。

二、百事公司全面反击对手

在商业竞争中总是有这样那样的问题出现，哪个公司也不是一帆风顺的，必定要经历无数的风风雨雨。上章所说的是要主动去占领市场的先机，但是在我们没能抢占先机的时候难道就放弃什么也不做了吗？当然不是，所谓有志者事竟成。我们要做一只孤狼，不管敌人是多么强大，我们都要存着一颗反击的心，不动摇。现在的失败只是一时的，我们在舔舐伤口的同时，也要蓄势待发，准备着全面地反击。

劣势企业如何战胜优势企业呢？百事可乐与可口可乐百年的竞争历史给我们提供了宝贵的经验。百事可乐取得成功的关键在于让对手无法反击,或者在短期内不能有效反击。同时，还说明了竞争优势具有动态变化的特点,劣势企业完全有可能战胜优势企业,战略成败与细节运作紧密关联。

其实早在1919年时，刚刚成立的百事可乐由于经营不善曾一度濒临破产的边缘，而百事可乐公司也曾向可口可乐公司表示愿意被收购的意向，但是由于债务问题而未成功，可见当年百事可乐的窘迫困境。但即使是在这样的困境下，百事可乐还是找准了自身原因并积极改变，在低迷中慢慢地积蓄力量，等待时机成熟做出反击，这说明百事公司其实也是十分熟悉持久战的战法的。

20世纪50年代末以后，百事觉得时机已经成熟，开始实施“市场导向型”的经营战略，向可口可乐发起了一波又一波的冲击。

1993年，百事可乐的销售额达250.21亿美元，居世界最大工业公司的第48位，利润额15.88亿美元，资产额237.06亿美元。是年，可口可乐公司的销售额为139.57亿美元，居世界最大工业公司的第94位，利润额21.76亿美元，资产额120.21亿美元。百事可乐的销售额与资产额均大大超过了可口可乐，成为世界饮料市场的新霸主。

1997年，百事可乐公司的销售额达292.92亿美元，居“世界企业排行榜”的第95位，大大高于可口可乐公司；但其利润额只有21.42亿美元，比可口可乐少了近20亿美元。

这之后，百事可乐和可口可乐此消彼长，互为对手，可谁也离不开谁。

可口可乐从创业伊始，就占据了美国软饮料行业中的统治地位。那时的可口可乐不是傲视群雄，而是环顾一圈，找不到一个可以跟自己掰掰手腕的对手。

1919年，百事可乐诞生了。但人们的观点是：“在可口可乐的意识下，百事可乐很难有一点被认知的火花。”但是事实却是百事可乐通过自己的努力和多元化的发展，成了如今可口可乐最大的竞争对手。而在发展的过程中如何应对可口可乐这样大的竞争压力，则是其中最重要的部分。

可以通过两点来进行说明，一是不能胆怯，唯唯诺诺，那永远没有出头之日。二是不能蛮干，意气用事，硬碰硬，弄个鸡飞蛋打，得不偿失。这两点，百事可乐都回避了。他们有勇气和胆识，又灵活多变，在追着可口可乐进攻的同时，稳扎稳打，步步为营，一点一点地与可口可乐“分争”市场。

通观早期百事可乐与可口可乐之间的竞争，有点儿“永争第一，甘当老二”的味道。应该说，这个战略是正确的。

百事可乐的成功就是因为“识时务者为俊杰”——斯蒂尔审时度势，放弃了以前的战略，从“跟随者”向竞争者靠近，进而成为超越者。

首先，百事可乐对市场的细分非常成功。他们没有与可口可乐进行全面接触，而是依据市场需求的变动，调整了产品结构和经营策略，以占领年轻一代的消费阵地为基础。这一仗打得快而猛，没等可口可乐回手，已经“绝杀”，年轻一代已被“笼络”住了。

巩固年轻一代市场的好处有两个：在内部，树立了信心，这是最关键的，百事可乐摆脱了自己的“穷酸”帽子，而且实力大增；二是在市场上赢得了挑战者的勇敢形象，在崇尚竞争的美国人面前，这种个性很容易赚得赞赏。再有，百事可乐并没有为一时的小胜而喘口气，而是积极开拓新市场，树立自己“大众可乐”的形象，辐射更大的市场。

所以在我们处于战场劣势的时候不能灰心，其实对手并没有我们想象中的那般不可战胜。静下心来，好好地思考自身与对手的差距，是什么样的差距，哪个环节的差距，差距有多大，该怎么去缩小差距等问题。你只有这样去思考了，才会进步，才能有积蓄力量、放手一搏的豪情。与其无止境地自怨自艾，不如整理行囊踏上持久战的旅途。等到积蓄成功，就是反击的时刻。

至于百事可乐在促销上的一些小伎俩，在关键时候，也为大战略的实施起到了推波助澜的作用。尤其在瓦解对手士气方面有着不可估量的作用。这需要企业在制定战略时，要缜密、严谨，一环扣一环，既要有重型炮弹大力轰炸，也要有轻机枪轻巧点射。百事可乐针对可口可乐的战术还有一点，就是：出其不意、攻其不备，抢占可口可乐没有占领或是没有很好巩固的国际市场。从这里可以看到，对手总是会有破绽的。

诸如此后的莫斯科之战、奥运会争斗等等事件，百事让我们看到了它不仅仅只是一个只会硬碰的蛮汉，而且还是一个善于发现机会的智者。这不仅表现了百事可乐对先机的敏锐观察力，也表现了百事可乐的企业精神。不过，无论是可口可乐，还是百事可乐，都因为身边有了这样一个强悍的对手，而感到幸运。

而在做着同样事情的也绝对不只百事可乐一家，还有家喻户晓的咖啡大王——星巴克。

在过去的16年里，星巴克的成长史绝对称得上一部温暖的励志片，不幸的是，这部励志片在2008年的金融危机中突然拉出一道长长的下滑线。作为一家“出售气质”、强调体验和文化的国际品牌，星巴克却越来越像是一家普通的西式快餐店了。

于是，我们看见星巴克调整了咖啡店中的价目表顺序，高端的咖啡产品从顶端撤下，让位于普通咖啡。2008年3月，星巴克在全美推出了售价只有3.95美元的“经济套餐”，而此前星巴克一杯普通咖啡在美国的售价为4美元左右。在中国市场，星巴克则在华南地区推出了售价15－18元的低价餐系列，价格比单品还要便宜。

更让人遗憾的是，除了桌椅、音乐、壁画还是老模样外，你所熟悉的星巴克已经面目全非：诱人的蓝莓奶酪从东莞而来，杯中的牛奶变成了蒙牛的，木质搅拌棒变成了塑料的，从美国进口的纸杯变成了国产的，遇高温还容易变形……

由于管理问题和世界经济危机的剧烈影响，星巴克内部的不和谐因素终于暴露出来了。2008年7月，面对直线下滑的利润，人们期待着56岁重新出山的霍华德·舒尔茨，能够给这家传奇企业带来新生。殊不知，舒尔茨却首先上演了一场壮士断臂——在全球范围内关店600家，裁员12000人。

怎样才能带领泥沼中的星巴克找到“新的王国”呢？舒尔茨试图进入未曾涉足过的新领域。只可惜在经济大萧条的背景下，一些与咖啡八竿子打不着的对手，也有着相同想法，并且动作比星巴克还快。

在西雅图，与星巴克仅一街之隔的麦当劳，赫然竖起巨型广告牌：4美元的咖啡很白痴！（在美国一杯普通的星巴克，售价在4美元左右）快餐大王突然寻衅咖啡大王，原本井水不犯河水的两大商业巨擘因咖啡而上演龙虎斗，一时间顾客好奇，媒体热炒，而麦当劳的解释是：过去饮料是汉堡的附属物，现在麦当劳希望有人来麦当劳就是为了品尝“麦咖啡”！

事实上，这场突袭麦当劳酝酿已久，金融危机恰好给了它逆势冲锋的机会，其行销攻势堪称自上世纪70年代以来最大的。在中国，其送出了100万杯免费“麦咖啡”供顾客品尝；在美国，仅2008年麦当劳便花了8.2亿美元做广告，是星巴克的30倍。而麦咖啡的零售价仅为星巴克的三分之一，口味却并不逊色多少。

看着麦当劳开始在快餐厅里现场研磨咖啡豆，星巴克心头的酸楚可想而知。更让舒尔茨不安的是，“麦咖啡”既可通过独立咖啡店形式出现，又可像麦当劳甜品站一样分列餐厅两翼。目前麦当劳在全球拥有3万多家门店，一旦这种新业务全面铺开，那么对星巴克势必造成冲击。

换言之，面对麦当劳气势汹汹的“核威慑”，星巴克必须迎头一战。

“如果您的咖啡不够完美，我们会重做一杯；如果您的咖啡还是不完美，请确定您走进的是否是星巴克？”自2008年下半年起，星巴克开始在《纽约时报》等各大报刊登载广告，暗嘲“麦咖啡”的品质不敌星巴克。要知道，此前的星巴克几乎与广告绝缘，过往的辉煌让舒尔茨拒绝了任何一家媒体广告员的拜访，“我们不需要广告，街头拿着星巴克、脚步匆匆的消费者便是我们最好的广告！”

更大的变化还体现在业务拓展上。舒尔茨从雅虎请来史蒂芬·吉列特做他的首席信息官，几个月后，吉列带着他的数据和信心告诉舒尔茨，他找到了星巴克期待已久的新王国——速溶咖啡。2009年3月3日，星巴克在西雅图的门店卖起了冷热水均可冲泡的“VIA免煮速溶咖啡”，22天后，VIA现身伦敦，而年底以前，全美的星巴克都将出售这种一包不到1美元的速溶咖啡。

当然，这一自救之举也招来了议论。首先，一家号称出售独特咖啡文化的公司，突然卖起速溶咖啡，这就好比烹饪大师卖起方便面，这不是自损高端形象吗？其次，面对速溶咖啡的“代名词”雀巢、卡夫等，VIA即便能够虎口夺食，但对整个集团的利润贡献恐怕也是杯水车薪。

但舒尔茨顶住压力说：“这世界，无论我们做任何一件事，总会有人说好也总会有人说不好。”事实上，推出速溶咖啡只是星巴克变身的一小步，而一系列更让人感到震撼的改变举措，也在2009年密如雨点般集中呈现。

这的确是伟大的转型一刻。

很长一段时间里，星巴克的经营理念被全世界广为称颂。从1992年到2006年，它的股价飙升了58倍。到2007年的时候，星巴克的市值已达到100亿美元，全世界每星期约有5000万顾客在天南海北的星巴克里喝咖啡。纵观零售业历史，还没有一家别的企业有过如此辉煌。

只可惜，那个辉煌的时代已经结束。呼吸了20余年星巴克空气的舒尔茨承认：困境绝非单纯因为麦当劳的杀入或者金融危机的降临，绝大多数问题在于咎由自取，在于长大后的星巴克迷失了自己！

在星巴克只有100家店时候，舒尔茨总喜欢跟人讲咖啡屋的灵魂，他要求吧员们亲切地喊出每一位熟客的名字，让客户知道星巴克出售的绝不仅仅是一杯咖啡，而是一种体验。

而当星巴克的门店疯狂扩张到10000家时，星巴克的中国粉丝们发现，他们钟爱的这家咖啡店正在悄无声息地“变形”：自动化的浓缩咖啡机替代了原来充满质感的手动咖啡机，一些门店因为近得离谱甚至出现了“自己打自己”的情况。

历经16年，星巴克终于长成了一头大象，但大象却丧失了当初的战斗力！早些时候，舒尔茨挑出一个团队的员工，让他们去开一家可以打败星巴克的咖啡店。几个月后，这群人回来了，他们带给舒尔茨一家名为“15大道的咖啡和茶”的概念店，店门上赫然写着：“受星巴克的启发。”

“星巴克是可以被打败的，打败它的正是它的自以为是。”于是2009年，人们惊讶地看到，素来单枪匹马并将自己的直觉视为决策依据的舒尔茨，开始重用了一批职业经理人。要是在5年前，这群经理人的那些能让公司盈利的办法，绝对会被特立独行的舒尔茨嗤之以鼻，更别提付给他们高额的薪酬。

精英们带来的变革果然卓有成效。美国部总裁巴罗斯开始训练员工们按照标准的“6步法”来冲泡咖啡，而不是让他们像以往那样随心所欲；同时，培训咖啡师把制作一块糕饼的时间由原来的45分钟缩短至20分钟。标准化培训的直接效果就是，在3个月里为星巴克节省了6000万美元。

另一个突出的变化是，星巴克开始大力度地展开客户调查。“我们曾经也做过客户调查，但舒尔茨讨厌这么做。”首席信息官史蒂芬·吉列说。每当有人提出要多做客户调查时，同事都会问他："你是新来的吧？"舒尔茨则会回答："我们不是宝洁。"对于舒尔茨而言，成功是以他自己的标准，而非客户调查的数据来衡量的。

而在上世纪90年代让星冰乐系列产品一炮走红的米歇尔·加斯，也终于顺利地说服了舒尔茨，拿到一笔广告经费。这是他来星巴克这么多年，第一次从老板手中申请到广告费。

作为星巴克的全球第二大市场，星巴克能否在被对手重重包围的中国市场取得突破，关系着此次救赎行动的成败。

除了蓄势待发的麦咖啡，与星巴克短兵相接的中国对手还包括85度C、真锅咖啡、两岸咖啡和SPR咖啡等，它们盘踞在中低价位市场，并不断向上蚕食星巴克赖以为生的白领消费群。

以近来常被提及的台湾品牌85度C为例。自2004年开始的三四年内，85度C在台湾开出了340家门店，一年卖出1亿杯咖啡，年营业收入15亿元，超越了在台湾拥有200家门店的星巴克。此外，在中国分别拥有超过400家门店的两岸咖啡和SPR咖啡，定位与星巴克颇为接近，杀手锏则是颇受白领欢迎的西餐。

要想从这些难缠的对手手中抢市场，星巴克必须进一步本土化。这时一个悖论出现了：一家号称出售美式咖啡梦想的咖啡店，突然间要在店里添加若干中国元素，星巴克还是星巴克吗？最终，舒尔茨选择了在金融危机面前向消费者的荷包妥协。"在现实和梦想之间，星巴克需要暂时放弃属于自我的那一部分——这也是让梦想重新起航的必经过程。"

于是，一场让许多中国人感到不可思议的星巴克本土化运动开始了。

除了在新品咖啡中加入中国茶，星巴克在食品开发上同样会更多地照顾本土口味，甚至还会考虑区域差异。诸如芒果鸡肉卷、豆腐蔬菜卷、彩椒蘑菇包等为中国消费者量身定做的产品相继面市，甚至还有传言称，星巴克将在四川售卖水煮鱼。

星巴克告诉我们，当遇到困难来的时候我们不要去抱怨别人的咄咄逼人，应该做的是静下心来认真地分析自己的不足，然后在自身上做文章，面对不同的对手要有不同的反击策略，对待强弱不一的对手，我们也要用不同的策略来战胜它们，总之，遭遇困难的时候我们要更加坚定自己的思想，不要为外界的因素所干扰，要为反击而时刻准备着。这才是成功的精髓所在，同时也是持久战的精髓所在啊！

因此，在竞争过程中，勇敢地接受风雨的洗礼只会让我们更加的坚定。哪怕被淋得全身湿透，但是走过阴霾后，我们会迎来阳光明媚；如果软弱地逃避它，让自己躲进低矮的墙角，那么你的生活必将永无光明。我们敢于竞争，敢于拼搏，就像孤狼一样！

三、声东击西，用心理因素取胜

智者伐谋，其实很多胜利不是靠蛮横的力量来实现的，相反通过绝妙的策略机敏地取得成功往往才是为人们津津乐道的。而声东击西就是其中无比精妙的一种策略。声东击西，是忽东忽西，即打即离，制造假象，引诱敌人作出错误判断，然后乘机歼敌的策略。为使敌方的指挥发生混乱，必须采用灵活机动的行动，本不打算进攻甲地，却佯装进攻；本来决定进攻乙地，却不显出任何进攻的迹象。似可为而不为，似不可为而为之，敌方就无法推知己方意图，而被假象迷惑，作出错误判断。正所谓实则虚之，虚则实之，虚虚实实，假假真真。这样敌人只能疲于应付，而无招架之力了。

在现代商业战场上，就更需要这样的策略来进行商业战争了。在商战中利用好这样的声东击西的对敌策略往往会产生许多意想不到的好处，获得更多的利益，甚至一下就将你的对手击倒。那么到底该怎么样来利用好这样的策略呢？让我们从几个例子中得到启发吧。

娄维川，是山东掖县土山镇的农民，在引进一套塑料编织袋生产线的谈判中，大长了中国人的志气。

1984年，娄维川从青岛得到信息，日本某纺织株式会社正准备向我国出售先进的塑料编织袋生产线，遂当即到进口过类似设备的青岛、潍坊等国营大厂实地考察，了解其性能及运转情况，并确认引进可行。

在进行了一周的技术交流后，谈判进入了实质性阶段，对方主要代表是国际业务部的中国课课长，他把中国人当成了“土老帽”，报的价格高了一倍多，但是维川厂长却并没有被吓唬住，他清楚地告诉对方：据我们掌握的情报，你们的设备性能与贵国某某会社提供的产品完全一样，我省某某厂购买的该设备，比贵方开价便宜一半。因此，我提请你重新出示价格。日方代表听罢，相视而望，首次谈判宣告结束。

随后在长达9天的谈判中，经过激烈的争论，总价压到了140万美元，直至130万美元。到此为止，日方表示价格无法再压，双方共计谈崩了35次，最终拉锯战并没有结果，双方互不妥协让步。

娄维川认为目前还是可以再进行压价的，苦苦思索后，决定采用声东击西的策略和另一家西方公司洽谈联系。这一小小的动作立即被日商发现，他们立即把总价降至120万美元。

但娄维川了解到当时正有几家外商同时在青岛竞销自己的编织袋生产线，他决定利用这个形势迫使对方做出进一步的让价。最后日方将总价降到了110万美元，距离娄维川的要求，只差了3万多美元。

娄维川高超的谈判艺术与技巧着实令人佩服，将设备售价从240多万美元降低到110多万美元，看起来是很复杂，其实道理很简单，奥妙在于娄维川一方面对市场有较全面的了解，另一方面就是在谈判中运用了“声东击西”的谋略，使谈判对手慌了手脚，最终疑惑动摇，败下阵来。

要想成功地使用声东击西的策略，我们就不能过早地暴露自己的底牌，否则就可能弄巧成拙，陷入被动。

例如我们在与某一个客户谈论某商品的交易时，洽谈开始一般只是谈商品质量、数量和价格等双方交易的主要条件。其它条件如保险、支付、仲裁、索赔以及检验等根据以往交易传统来履行。

在谈判过程中绝对不要过早地暴露自己的产品价格，要避免过早地同对方讨论价格问题，因为不论你的价格多么合理，只要对方购买这种产品，就要付出一定的代价。我们应该做的是：不要让客户首先考虑产品的价格，要把他们的注意力引到产品的价值上来，也就是说，谈话应首先集中在产品的价值这一问题上，而不是单纯地谈价格；如果一定要谈价格，就要连同价值一并提出。获得对方订货单据的决定性因素，是让对方看到他们将要得到的好处，而不是他们所付出的代价。

再看下面的例子：

弗雷德·罗杰是一位销售经理，为新泽西的某个皮革公司搞推销，公司已经生产即将出售的新产品，这是一种加工成带状的皮革制品。他访问一个顾客，问：“你认为这产品如何？”“啊，我非常喜欢它，但是我猜想您现在会告诉我它是非常贵的，我应该为它付出一个荒谬的价格，在您之前，我全听说了。”“您让我了解到，”弗雷德·罗杰斯说，“您是一个有贸易经验的人，您和别人一样懂得皮革和兽皮，您猜想它的成本是多少？”

那人受了奉承，回答他说他认为可能是45美分一码。

“您说得对。”弗雷德·罗杰斯用惊讶的眼光看着他说：“我不知道您是怎样猜到的？”

最终销售经理以45美分一码的价格获得了他的订货和随后的重复订货，双方对事情的结果都很满意，而弗雷德·罗杰斯决不会告诉他公司最初给产品的定价是39美分一码。

从上面的例子中我们可以看出，在介绍价格的时候，必须让别人看起来价格比较低，但你向他介绍好处的时候，就必须使他们看起来好处比较多。这样就会让人觉得自己占据了很大的利益，所以才会很爽快地答与自己达成交易。这样的方法更加适合于商业战场，用来麻痹对手心理，其实很多时候我们的对手不一定是和我们竞争的对手，很多时候我们的客户也会是我们的对手，为了从客户身上获得更大的利益我们不妨就采用这样的策略，声东击西，麻痹于他。

那么除了以上两种需要注意的地方外，还有其它的策略吗？我们再分析下面这个例子。

一个药品公司出售一种兽医外科用药，它的价格与竞争对手的比起来高得让人难以接受。但是推销员在询问了兽医每次用量是多少后，会对客户说，用他们的产品，每头牛仅多花3美分，但是它的效果却是同类产品所无法相比的。这样介绍价格，使人更易于接受，如果，他们换一个说法，说每包多花30美分，恐怕顾客都不会买了。

而在销售车的时候，可以这样问："您现在的车每天用多少小时？"在顾客回答之后，还可以说："如果您买我们的，您可以得到全部的、额外的机动性，更强载重能力、更安全、更舒适的驾驶室，每小时仅花6美分，一个月仅仅多花费20美元，20美元也仅仅是一顿便餐的价钱，您对此应该不会有什么抱怨吧？"

你还可以告诉它不买的代价是什么："麻烦的是，如果您不买，一年以后，价格至少要上涨20%。"从这个例子中我们不难分析出我们需要注意的第三点：可以推开价格，在时间上延伸。

声东击西的策略在于把对方的注意力用在我方不甚感兴趣的地方，使对方增加满足感。这是谈判中常常使用的重要策略之一，它能使我方与对方保持良好的关系，在谋得我方利益的同时，使对方也感到最大的满足。作为一位成功的企业家，首先就要弄清企业发展的目标，并在发展过程中时刻不忘发展的主要目的。在同对方的较量中，要把自己的目标隐蔽起来，把一些次要的问题渲染成很重要的问题，而让对方多占些便宜，你也表示很"勉强"地让步。

如，我方得知对方最注重的是价格，而我方最关心的是交货时间，那么我们进攻的方向可以是支付条件问题，这样，就可以把对方的注意力引开到次要问题上，以实现我方最终要达到的目标。持久战的策略就是这样在不知不觉中运用到战场中的。

“声东击西，欲取先予”，以迂为直、以退为进、佯顺敌意，是经营中的一大谋略。经营中只取不予，无异于抢劫行诈，是涸泽而渔的愚笨做法。我们常说的“吃亏是福”“吃亏就是占便宜”，是有丰富文化内涵的。因为吃的亏是明显的、表面的，但占的便宜却是无形的、长远的。而关于美孚公司的一次经典的营销案例可以让我们从中更加深刻地理解这句话。

这个营销案例就是：给你一盏灯，让你不断买我的油。这是美孚公司采用的一种声东击西的营销手段，看似送你一盏油灯，似乎美孚亏了很多，但是用油灯显然就要买油，买油相对于买灯显然是一个长期的消费，所以美孚声东击西，看似在推销油灯，其实是在赚取买油的利益。买油的巨大利益比之于送出去的油灯，那些油灯的成本又算得了什么呢？所以这正应了“塞翁失马，焉知非福”这句话。何况这失去的马还是美孚这个狡猾的塞翁故意失去的。

那么美孚公司是怎么取得这样的成功呢？其实美孚公司刚刚开始在上海推销时，取得的效果是十分微小的。因为当时绝大部分中国人还没有使用煤油灯的习惯。他们在上海花了很长时间，使出了浑身解数，却仍然收效甚微。直到后来，一个新的方案出台：谁买两斤煤油，就奉送刻有“请用美孚油”字样的煤油灯一盏。这一招果然奏效，两斤油本来不贵，还可以白捡一盏价格不菲的油灯，于是买煤油的人趋之若鹜。短短一年，美孚公司就“赔”掉了80多万盏煤油灯。但是，正是这80多万盏白送出去的煤油灯，起到广告和示范作用，成了美孚公司取之不竭的财源。

美孚公司因此迅速占领了中国的“洋油”市场，而且盛销几十年，获利无穷。

美孚公司真像是一个神奇的心理大师，它十分微妙地抓住了消费者的心理。并且针对这一心理，美孚公司打着“赔本”的旗号以油灯垫底，无偿为消费者服务，表面上，在消费者看来，这是“打着灯笼找不着的好事”，不仅可以享受价格便宜的“洋油”，方便用的同时，还为自己免费提供一个使用平台。既划算又方便，有这么一个赚头给自己，何乐而不为呢？所以当消费者心中出现这样的想法的时候，他们就已经掉落到美孚公司声东击西的营销方案的陷阱中了。看似因此“赔”掉80多万盏油灯，可是又有谁知道美孚公司赚了多少呢？它通过这么一出精妙的声东击西的策略，不仅大赚了很多利益，还使其稳固了广阔的中国市场，这样的无形的利益比他损失的80多万盏油灯要多上几百甚至几千倍。

这个案例非常经典，很有借鉴意义。它让我们明白声东击西的策略在商场上是如何运用的。做生意，没有人愿意做赔本的买卖，但竞争激烈、库存积压等种种因素，往往让一些生意人难免赔本。在和强势对手的竞争中，如果只是一味地与对方比力量，好勇斗狠，最终受伤害的人只会是自己。倘若此时吃点儿小亏，有时会取得意想不到的效果。当然，这种吃亏不是盲目的屈服，更不是软弱的退却。不管商人们做什么生意，其目的只有一个，那就是为了赚钱。有利则为，无利则止。真正赔本的生意当然没有人做。如果真的有人做赔本生意，那么，赔本是一时的，换得的将是长远的利益，这也是声东击西的一种谋略。虽然有着暂时的付出，但是却可以收获更多。这是商人的精明，也是策略的精妙。适时运用好这样的策略，往往能取得相当不错的成果。

做商人，就是无利不起早的，所以对于商人的赔，我们要用长远的眼光去看待，只要前期的困难能够度过，那么后期的收获必然会让你惊喜，其实这样看待的话，商人的赔似乎更像是一种前期的投资，在赔的背后是一种长远的目光和深邃的经营理念。他赔的地方将不是他营销的重点了，而是在这基础之上的另外的利益点，小小的吃亏，只是为那个利益点去开拓市场的。商人们要想拥有一番成功的事业，决不能一味地急于求成，更不能卯足劲只为一个方面去下死功夫，我们何不迂回一下，从另一个侧面去做文章，这样往往事半功倍。

声东击西，是军事、商业竞争中常用的“诡计”。其关键在于必须明察对方是否了解我方的意向。如果敌我处于朦胧不清的情况下，用此计可致胜，反之则会一败涂地。

“声东击西”讲究的是出奇制胜，通过虚张声势及错误信息转移竞争对手的目标，让对手将精力与资源都投入到我们所设立的“假目标”上去，而对我们真正想发起进攻的阵地疏于防范，然后我们再暗中调整优势兵力攻其不备而取胜。“声东击西”计策的运用关键有四点：一是要进行准确细致的分析，确定“东”与“西”必须准确，否则就会出现完全相反的结果；二是“声”一定要让竞争对手信赖的人或渠道知道，且信以为真；三是“击”的措施一定要得当，一方面要保证自己能够获得利益，另一方面也要“击”到对手的痛处，确保一击奏效；四是整个计策的使用需要有一个最为重要的前提，那就是一定要确保自己计策的制定与执行绝对保密，否则将必然会处于被动挨打的局面，在竞争中落败。

四、海尔多种营销策略结合占领市场

当今的商业市场，其实很多时候比拼的不是公司的实力到底有多么的强大，更多的比拼是公司的经营策略。有人说，商业市场是遍地的黄金，有本事的人能捡到手抽筋，没能力的人连渣都碰不到。说得固然十分残酷，但却是事实。有本事和没本事，有能力和没能力不是体现在人有多胖，或是拳头有多大，其实是区别在他们的行动方式上的，有能力的人会给自己制定许多精妙的行动策略，没能力的人则更多的是盲目寻找，而不知道该怎么样去寻找。

如今在信息化的时代，一个企业有了营销策略不一定能成功，因为这个社会单靠一种营销策略已经行不通了。他往往需要将更多的营销策略相结合才能走得更远。那么我们之前的传统营销策略有哪些呢？

1．产品策略

传统的产品指实物产品或物质产品，然而现在的产品还包括服务、软件、意识等各种形式。产品策略包括产品生产、产品设计、交货期等决策内容。其影响因素包括产品的特性、质量、外观、附件、品牌、商标、包装、担保、服务等。

2．价格策略

价格策略包括定价方法、定价目标、定价策略等内容。其中定价策略包括：新产品定价策略、心理定价策略、地理定价策略、折扣折让策略、需求差别定价策略等。

3．促销策略

促销策略是指主要研究如何促进顾客购买商品以实现扩大销售的策略。

4．分销策略

分销策略是指主要研究使商品顺利到达消费者手中的途径和方式等方面的策略。

这样的传统营销策略在如今已经没法单独使用了，企业要想在变化多端的市场中取得辉煌的成就，就必须运用多种营销策略。

运用多种营销策略的好处有：从多方面了解市场信息；当某种营销策略行不通时，不致于措手不及；便于从多方面对竞争对手进行进攻；从各个方面防守竞争对手，防止出现竞争对手先入为主的状况。

利用多种营销策略取得成功的典型案例当属海尔。

海尔从一个亏损147万元的集体小厂，到现在的规模公司，海尔成功的背后靠的是企业多种营销战略。海尔通过资本营销、名牌营销、文化营销、还有人才营销等策略，使企业一步步发展壮大，到今天成为家喻户晓的品牌。

海尔起初没有资本，所以它的初期以资本营销为主，1984年时它只不过是一个亏损100多万元的集体小厂。海尔总裁张瑞敏说：“资本是船。”于是，海尔特别重视资本营销。一个企业起步，没有资本是一件多么尴尬、多么艰难的事情啊！新兴企业首先要做的就是为自己筹集资本。到1997年，海尔已是一个拥有60多家紧密层企业、近两万员工、总资产达近60亿元的多主体、多元化的大企业集团。它在北美、欧共体、中东等重点市场发展了30多家海尔专营商、6000余个经销点，在美国、东南亚多国开设了分厂。

而在企业有了一定的资本后，首先要考虑的是如何建立自己的品牌，品牌就是一个企业的“脸面”，海尔充分地利用了这一点。所以名牌营销的策略应运而生，张瑞敏把名牌当作是“帆”。张瑞敏一上任，就发出命令：“起跑创名牌，冲刺到名牌。”其中最典型的就是，张瑞敏砸冰箱事件，冰箱出现了次品，他不是降价处理，而是带头砸掉，他宁可亏本，也不允许自己的品牌受到质疑。今天，海尔已成为中国家电名牌，也是世界家电一强。

海尔人是文化人，言行举止无不体现其文化内涵。海尔员工人手一册《海尔企业文化手册》，内容有海尔理念、海尔战略、海尔经营目标体系、管理制度、道德规范等。他们巧妙地运用“斜坡球体论”：企业如同一只球，想要往坡上滚，必须不断克服阻力。为此，他们实行“OEC管理”，即全面地对每个人、每天、每件事进行控制和管理，每位员工按“日事日毕、日清日高”的标准检查自己，使每项工作每天都有新的提高，整个企业有条不紊地向上“爬坡”。这就是海尔独特的文化建设策略。

张瑞敏是海尔的“指挥长”；以杨绵绵为代表的三位副总裁是娴熟的司机；各个事业本部的部长、总经理们是熟悉市场的将才，他们把决策层的创造性延伸到“顶”到“点”，使海尔不断地前进。在海尔崭新的用人理念和机制下，一批批优秀的管理人才脱颖而出。张瑞敏说：“你能翻多大的跟斗，我就给你搭多大的舞台。”海尔实行公开招聘、竞争上岗的办法选拔人才。这为海尔培养、造就了一批批人才。海尔的成功告诉我们：人才营销可以使企业立于不败之地。

通过以上分析可以看出，海尔的成功靠的是资本、品牌、文化、人才四大必要条件。这四大必要条件为海尔创造了一个又一个奇迹，它们就像一条线贯穿海尔的整个发展过程。海尔将这四个条件巧妙地结合在一起，灵活地运用，从而造就了今天强大的海尔。其实这样的多种策略相结合的策略在海尔之后的发展过程中也起着十分重要的作用。

企业的规模达到一定程度了就会想着扩大规模，而扩大规模靠什么？收购或者兼并。如果企业只想靠着自己的努力慢慢地发展壮大，那将是一个十分漫长的过程，没有企业愿意等，更没有多少企业等得到。于是，兼并、收购成了很多企业首选的手段，小型企业靠其发展壮大，大型企业靠其独占市场。而海尔就是通过不断地收购、兼并慢慢地成长为一个大公司的。

海尔的张瑞敏是一个十分有头脑的人，他对企业有着自己独特的见解，他认为企业是一条鱼。而这其中最有意思的见解就是对“休克鱼”的解释，他认为：鱼的肌体没有腐烂，比喻企业的硬件很好；而鱼处于休克状态，比喻企业的思想、观念有问题，导致企业停滞不前。而这样的企业才是他最喜欢收购兼并的“鱼”。因为他把自己公司的活力注入到这条休克的“鱼”中以后，这条“鱼”就能立刻成为一个健康完善的企业了。而若是收购一条躯体破损、但精神头还足的“鱼”，他首先得为这条鱼修补身体，还要将其精神头抹除，再注入自己公司的活力，较之前者显然更加麻烦。

这样的策略在海尔发展过程中起着十分重要的作用，这种“吃休克鱼”理论为海尔选择兼并对象提供了现实依据。海尔看中的不是兼并对象现有的资产，而是潜在的市场。海尔15次兼并中就有14件是按照“吃休克鱼”的方法进行的。14家被兼并企业的亏损总额达到5亿元，而最终盘活的资产为14亿元，成功地实现了1+14>15的低成本扩张目标。

但是，海尔吃这样一类“休克鱼”也不是直接一口吃掉的。它是有着十分严谨的划分和不同的方法的，就像我们吃鱼一样，有红烧、清蒸、煨汤等等吃法，他们兼并公司也是多种策略相结合的。整体直接兼并，投资一笔钱来控股，通过适当的品牌运作和虚拟经营都是海尔的兼并策略。整体兼并，其实即依托政府的行政划拨实现企业的合并。这其中的青岛红星电器厂就是海尔用整体兼并的方法兼并的，这就像直接一口吃掉。但显然海尔的胃口是很好的，在兼并这个年年亏损的大型洗衣机公司后不到3

个月就扭亏为盈。跨地区、跨行业的兼并则主要依靠投资控股的形式。武汉冷柜厂60%的股权就是被海尔通过投资控股取得的，而就是这样的控股，冷拒场在海尔的经营下创下了“第一个月投产，第二个月形成批量，第三个月挂牌”的“海尔速度”。品牌运作，这是以无形资产调控、盘活有形资产的形式。海尔与莱阳家电总厂以“定牌生产”的方式合作推出了海尔“小松鼠”系列电熨斗，后来，又进一步组建了莱阳海尔电器股份有限公司。海尔首次以无形资产折股投入合资企业，开辟了低成本扩张的新途径。虚拟经营。它既是品牌运作的一种高级形式，又是海尔“先开市场，后建工厂”经营理念的具体体现。这种重组方式已经超越了“吃休克鱼”的模式，而是通过“强强联合”，优势互补，新造一条活鱼。与杭州西湖电子集团的合作就是海尔虚拟经营的成功尝试。从这个意义上说，海尔“探路者彩电”不仅是市场的探路者，也是扩张重组新形式的探路者。

不论是整体兼并，还是之后的投资控股，品牌经营和虚拟经营，可以看出，在商业活动中，单一的发展方式显然不能满足先进企业发展的需求，现在的企业发展更多的是需要多种策略相结合的发展方式。面对不同的问题我们能有不同的策略来对应，而不是以为自己拿着万能钥匙，一个策略就可以解决所有的问题，而应该更多地思考去运用多种策略相结合来解决问题。

正是通过这样的多种策略相结合的方法，使得海尔在发展过程中不断地进步，遇到问题都能很迅速地解决，并且结合多种方法解决的问题较之其它单一策略解决得更加彻底完善，取得的利益也更多。

海尔的成功是一种必然，这不仅体现在其多种营销策略的有机结合，更体现在其合理、严谨的管理理念上。如今，以前的旧观念、老观念已经不再适用于今天的企业发展，企业要敢于摒弃，并推陈出新，研究出一套适合自己发展的新型管理理念，这样才不致于在竞争激烈的时代被淘汰。

第八章

综合运用：实战中的技巧

一、抓住主动权，确定战略方向

商场百变，龙头老大只有一个。然而众多企业中，这位商业的老大为什么能永保龙座，这些是值得我们深思的。

首先一点我们可以肯定，做到巅峰的商业者，都懂得怎么抓住主动权，确定战略的方向。我们不得不承认，他们都是深谋远虑的智者，他们知道什么是精髓，什么是主动，什么时候该放弃，什么时候该进取。

我们先看看《孙子兵法》里所谓的主动权，虚实论：避实击虚与主动制胜，善战者，致人而不致于人。竞争要识虚实，要掌握竞争的主动权就要善于把握虚实。虚与实可以表现为寡与众、怯与勇、弱与强、亲与离等等。可以说，竞争双方有多少种差别，就有多少种虚实的表现。深入认识差别、把握虚实是主动致胜的第一步。必须注意的是，各种客观条件的变化和主观能动性的变化都会引起虚与实的变异、换位，识虚实需要培养见微识著的洞察力。兵之胜，避实而击虚。避实击虚是取胜的法宝，是市场竞争中主动致胜的基本策略。它不仅有避敌之实和击敌之虚两种基本运用方式，还有削敌之实和造敌之虚两种主动运用方式。就自身而言，还有造我之实、备我之虚两个方面。那么牵着敌人的鼻子走是否说的就是掌握了主动权？牵着敌人的鼻子走，并不一定就掌握了主动权，要从以下五个方面分析研究，比较敌我双方的七种条件，以探求战争胜负的情形。一是道，二是天，三是地，四是将，五是法。所谓“道”，是使民众与国君的意愿相一致，这样，民众在战争中就可为国君出生入死而不怕危险。所谓“天”，是指日月星辰运行的情况，寒冷炎热气象的变化，必须因时制宜，以顺天时。所谓“地”，是指路程的远近，地势的险阻或平坦，作战地域的宽广或狭窄，地形是否利于攻守进退。所谓“将”，是指将帅的智谋才能，赏罚有信，爱抚士卒，勇敢果断，军纪严明。所谓“法”，是指军队组织编制、将吏的统辖管理和职责区分、军用物资的供应和管理等制度规定。以上五个方面，将帅没有不知道的。只有深刻了解，确实掌握才能打胜仗，否则，就不能取胜。

对于主动权，在棋类比赛上也展现得淋漓尽致，特别是围棋，由于先行方可以先动手抢占一个要点，所以需要贴还子或者目，以期公平。但是在棋局进行中，局部战斗中如何腾出手来，来率先部署下一次战斗，是一个重要的问题。所以非常讲究先后手。先手就是你下了，对方必须应的一手棋，是命令式，绝对的先手得利；后手就是你下了对方可以脱先不理的棋，通常价值不大。但是后手又分为后中先和后中后，前者是当前后手，却随之产生必然的先手便宜，后者是纯粹的低效。所以棋经上说：宁失一子，不失一先。不仅仅是围棋上表现出了主动权的重要，就连我们更常见的象棋也把主动权表现得极为突出，谁先走第一步，就能获得先手权，你出当门炮，对方多数都会选择把马跳，这样你就会牵着别人的鼻子走，这就是绝对的主动。获得主动，你就掌控了全局的局势，这样你就有了绝对发言的权力，然后一步一步设置上陷阱让别人跳进去。所以获得主动权不仅仅是军事上需要，棋类比赛需要，商场上也是必不可少的，所以我们想要让企业蓬勃发展必须抓住主动权，确定战略方向。

对于主动权，我想对于谈判来说这是必不可少，只有抓住主动才能进行顺利的谈判。谈判之前，应该尽可能地收集好一切“可借助的力量”。只有这样，谈判一开始，自己才会处于有利的局面之中。那么，谈判中“可借助的力量”是由哪些因素决定的呢？进行商品买卖时，需求与供给的平衡状况就是重要的决定因素。需求量越大，在谈判时对自己就越有利。如果能够提供市场上的紧缺商品，那么当买家砍价时，你就可以淡定地说：“我不会卖给你，如果你不能答应我的条件。”买家恐怕只有作出让步了。

当然，也不能一概而论。谈判之前的“可借助的力量”并不一定会决定结果，要不然就没有进行谈判的必要了。与对手相比，即使实力不济，也有最大限度地争取目标的方法。经常会有一些人觉得自己“局面被动”，便直接放弃了谈判。其实实力不济，也可运用头脑和毅力迎接谈判，扭转局势，最终取得满意的结果。

要知道主动，不是盲目地动，有时候退也是主动。但是要看怎么退，退后的结果是什么。“海尔”的成功就是源于以退为进，抓住主动。1985年，青岛电冰箱总厂生产的瑞雪牌电冰箱(海尔的前身)，在一次质量检查时，库存不多的电冰箱中有76台不合格，按照当时的销售行情，这些电冰箱稍加维修便可出售。但是，厂长张瑞敏当即决定，在全厂职工面前，将76台电冰箱全部砸毁。当时一台冰箱800多元钱，而职工每月平均工资只有40元，一台冰箱几乎等于一个工人两年的工资。当时职工们纷纷建议：便宜处理给工人。但是张瑞敏对员工说：“如果便宜处理给你们，就等于告诉大家可以生产这种带缺陷的冰箱。今天是76台，明天就可能是760台、7600台……因此，必须解决这个问题。”

于是，张瑞敏决定砸毁这76台冰箱，而且是由责任者自己砸毁。很多职工在砸毁冰箱时都流下了眼泪，平时浪费了多少产品，没有人去心痛；但让他们亲手砸毁冰箱时，他们方感受到这是一笔很大的损失，个个痛心疾首。张瑞敏通过这种非常有震撼力的场面，改变了职工对质量标准的看法。

好多人都认为这是一种商业炒作，其实不然，作为一种企业行为，海尔砸冰箱事件不仅改变了海尔员工的质量观念，为企业赢得了美誉，而且引发了中国企业质量竞争的局面，反映出中国企业质量意识的觉醒，对中国企业及全社会质量意识的提高产生了深远的影响。这不就是以退为进、抓住主动吗？可以说张瑞敏是睿智的，他抓住了主动，确定了战略方向，所以使海尔一跃成为中国名企。

然后当大家都差不多遗忘海尔这个成功者案例的时候，恒大崛起了，它的掌舵者许家印也发现了以退为进不失为一个上上的良策。许家印掌管的恒大帝国，近年的狂飙突进让人侧目，并被部分人形容为“疯狂”。当全球金融危机让他的首度上市计划受挫时，他被对手讥讽为“冒险家”“野心膨胀者”，被部分舆论视为地产江湖巨变的“牺牲品”。不过，成功上市的结果还是遽然而至，为这个男人和他掌舵的恒大巨舰，准备了一场迟到的加冕礼。许家印重演了海尔的砸冰箱事件，进行了一次疯狂的拆楼行动。他也成功了！他的成功是让人羡慕的。但是一个白手起家者为什么能有如此辉煌的业绩？因为他有野心？有理想？有抱负？有野心、有理想、有抱负的人不在少数，可是成功的却只是少数。因为他知道商场就是要抓住主动，要确定战略方向。

虽说以退为进，是个良策，但是以进为进抓住主动，也不失为一个明智的选择。由古至今“胜者为王，败者寇”的说法已经成为人们心中的定理。可是细想一下何为胜？胜就是要进。要让别人知难而退，你进敌退，你强敌躲，这才是胜的最高境界。让别人不敢与你相视，让别人不敢与你争锋。相对退而言，抓住名誉而进则是抓住先机。以先机为进从而抓住主动，才能确定战略方向。

提到以进为进抓住先机，比尔·盖茨是个不得不说的人物，也是一个传奇的商业人物。他大学三年级就从哈佛大学毕业，开始他的计算机生涯。他深信个人计算机将是每一部办公桌面系统以及每一个家庭的非常有价值的工具，被这一信念所指引，他开始为个人计算机开发软件。就是因为这一先机，他成功地坐上了世界首富的宝座，而且成为计算机系统的霸主。他的成功从不以退为进，全是强势进攻，直接打进计算机领域，开发图形化操作，并且以迅雷不及掩耳之速进入各家各户的桌面，这就是实力，这就是王者。这就是以进为进，抓住主动，确定战略方向。举了这么多的例子，不管是以退为进，或以进为进，他们的最终目的都是为了抓住商业的主动权，确定战略方向。这是一个优秀的企业必须具备的策略。那我们救要想一想怎么做才能抓住主动权，确定战略方向呢？那些成功人士是怎么抓住先机、抓住声誉、抓住主动的呢？

首先，我们要抓住主动权一定要了解顾客，顾客是上帝，顾客的需求才是我们要为之努力的。而了解顾客的最好办法也就是让自己成为顾客，只有把自己当成顾客的商家才能真正地了解到顾客的需求，所谓“知己知彼，百战不殆”讲的就是这个道理。张瑞敏把自己当成顾客体会到顾客用冰箱时发现质量差的心情，还有比尔·盖茨把自己当成顾客体会到顾客用图像化的方便。其实不仅仅一个大的企业需要把自己当成顾客，哪怕是一个小小的企业，要想发展起来，首先要做的也是要抓住顾客的心。这是商场的奥秘，谁能抓住顾客的心，那么这个企业离成功也就不远了。要想抓住主动，需要做的就是能“舍”，懂得舍的人往往是能抓住顾客心理的人。因为顾客都希望自己买得便宜，能捞到实惠，所以作为一个顶级的企业必须要做到“舍”。这里的舍并不是完全的薄利多销的意思，而是为了能为自己赢得声誉，抓住主动权，确定战略方向。

其次，要抓住主动权，要让自己的员工能体会到顾客的感受，因为一个企业毕竟不是一个人能撑起来的，只有自己能体会的到那是无济于事的，毕竟一个人的力量是有限的，只有团结才能发挥出最大的力量。当然让所有员工都能体会到顾客的感受，那是很难做到的，自己带头这是必须的，但是最重要的还是要让自己的员工亲自去体会，让他们变成顾客去感受那时的心理。如果自己的员工都能做到替顾客着想，那么这个企业一定是有很大的潜力的，他们一定能够抓住主动权，因为他们这个团队不是为自己着想，而是服务于别人的。这样的团队怎能不让一个公司鸿鹄发展？怎能抓不住主动权？怎能确定不了战略方向呢？

最后要想抓住主动权，必须以大局为主，以将来为目的，不能仅限于目前的利益。贪图一时利益的企业，是不可能做得长远的，他们只能暂时享受到成功的虚荣，但很快会彻底溃败。因为一个强大的企业必须要有一个长远的战略方针，此方针是不可动的，一旦确认，必须执行下去，实行当中可以略做修改，但是不能有大的浮动。有了明确的战略，工作起来就会很轻松，不会被一些想不到的各种麻烦来困扰。更不会因为找不到明确的方向而得不到主动权，从而致使企业面临破产的危险。当然一个好的战略不是随随便便就能制订出来的，策略的产生则是源于“从大局出发的理念，以长远目的出发的思想”。从大局出发就是不要局限于一个小的企业问题就不顾全局而盲目地实施，以长远出发则是不仅仅看中现在的利益，更看重社会发展的趋势，材料变动的幅度，综合各种因素再制定出一个长远的顾大局的战略方针。只要有了这样的战略方针，主动权则会不请自来，企业也会自然而然地得到主动权。

一个好的企业是令人羡慕的，羡慕的同时我们也不要忘记了去总结，总结别人成功的经验，从而使之变成自己的东西，这样自己才会离成功更近，自己的企业才能飞速发展。一个企业的兴衰就看一个领导者做了什么样的战略，这个战略能不能抓住市场主动权，可不可以让自己的企业长久地发展，这是非常关键的因素。

二、以弱胜强的智慧玄机

俯仰千年，由古至今，人类生存的永恒法则就是“弱肉强食”，这似乎也印在了每个人的心上。当面对比自己强大的对手时就失去了战斗的意识，哪怕对方只是外表的强大，也能让自己的心灵产生惶恐。这是人的本能反应吗？答案是肯定的。这的确是人的本能反应。因为遇见强大的事物就会产生一种不安全的因素，这些因素会导致人们内心惶恐无助，以至于失去战斗意志。可是历史上以弱胜强的例子又何止一二，他们是怎么做到的？因为他们理解以弱胜强的智慧玄机。

首先我们要知道，客观上说，不存在以弱胜强，弱永远不能胜强。我们说的以弱胜强其实是以弱的表象、形式战胜所谓的强，这本身是一种战略，是“守柔处雌”的战略理论。这里所说的弱本质上一直都是强。“战略上藐视敌人，战术上重视敌人。”历史上以少胜多的经典战役有：姜子牙领导的牧野之战以10万大军歼灭商纣王70万军队；项羽领导的巨鹿之战以两万精英歼灭秦军40余万；还有淝水之战、官渡之战……其中赤壁之战是中国历史上著名的以弱胜强的战争之一。公元208年，曹操率领大军，发起荆州战役，然后讨伐孙权。孙权和刘备组成联军，由周瑜指挥，在长江赤壁一带大破曹军，从此奠定了三国鼎立格局。赤壁之战是第一次在长江流域进行的大规模水战，也是孙、曹、刘各派出主力参加的唯一战争，结果周瑜用火攻大败曹操，以弱胜强。这场战争取胜的关键是要把握住玄机，“火攻”是周瑜的玄机。

其实以弱胜强并不是一件很难办到的事情，主要是你要明白赢的关键所在，怎样才会赢、怎样才能赢、对方有什么漏洞、对方的实力等一系列因素，不仅要做到知己知彼，更要做到知彼克彼，然后把握时机，一击破敌。《曹刿论战》中的曹刿堪称优秀的军事家。他取胜不是靠猛打猛冲，而是靠了谋略、智慧，这一点尤其让人称道。

中国历史上的无数次战争证明，成功的战例是文人们智慧的杰作。他们精心导演了一出又一出戏，然后让担当剧中角色的将士去演出。我们可以看出以弱胜强的智慧玄机之一就是“知己知彼”，因为知己不容易犯错，知彼则是容易让对手犯错。

说过了这些历史上的著名战役，然后我们说说战役的胜利最需要的是什么。战役胜利与否需要的是时间、地点和人心，也就是天时地利人和。一个人之所以说他上知天文下知地理，就是说他懂天时，明地利，知人和，特别是古代只要是著名的军事家，他们都是很擅长利用天时地利人和的。天时，既是所谓的上天帮助，懂得运用天时来增加自己的优势使自己从这场战争中获胜；

地利，则是运用有利的地势环境排布一些阵法，来使自己在此战中获得更大的主动；人和，则是要抓住人心，不仅仅是抓住百姓的心，更要抓住士兵、将领的心，这样打起仗来，将领、士兵才能以死相拼，这样才能发挥出人的最大战斗力。由此我们可以看得出以弱胜强的另一条智慧玄机则是“天时、地利、人和”。

以上两条以弱胜强的智慧玄机，对于商业来说需不需要呢？其实在商业中更要注重这两条的，一个企业想强大必须要竞争，在没有硝烟的战场中，不知己知彼怎么可能超过别人，那是根本不现实的。一个优秀的企业也会很注重“天时、地利、人和”，因为只有好的条件、好的地势、好的口碑才能打造出好的品牌。但是许多企业都忽略了一个重点就是人和。他们认为只要自己货真价实就肯定能火起来，于是就不注重态度和技巧。有的商场的员工态度非常恶劣，顾客进去没有欢迎语也不做商品介绍，对顾客的问话也是冷言冷语地回答，像这样哪个顾客会愿意买他们的商品呢？所以说一个大的企业一定要提高员工的素质，这样才能真正地做到“天时、地利、人和”，才能以弱胜强，争抢龙头。

以弱胜强的智慧很深，我们要去探索、去挖掘，下面是一个很真实的案列，也是发生在我们身边的一个案例，更是一个能让我们学到很多东西的案例。在我们的身边有着很多的小型企业，他们投资不用太多，员工也就那么几个，然后就开始运转了，虽然达不到富裕水平吧，小康水平还是绝对没问题的。然而就有这么一个面包店，生意红红火火，看上去很会做生意。是的，他们的服务态度很好，很和气，让人感觉很温暖，当然最重要的是他们家的面包很独特，非常的好吃，这是因为他们用上好的深井水做面包，所以味道甘甜爽口。忽然有一天，一个大的面包企业在这个不起眼的面包店附近开了一个分店，而且举办各种各样的活动，甚至直接打二折，还能让顾客任意品尝任何一种面包。这个大企业的目的很明显，就是收购所有面包店。这种方法他们已经屡试不鲜了，没有一次失败过。的确他们的这种强力压迫法的确很好用，没几天很多面包店就支撑不住了，同意被他们收购。而这家面包店呢？他的老板也很着急，正在想要不要被收购呢？突然间两个人走进店里来了，还聊着天。其中一个说："今天打牌赢了××三千，我倒要看看他还能神气多久？不就有一个有钱的老爸，我天天赢耗死他。"老板听了这话后突然开窍："对啊，对面的实力就是再雄厚也经不起这样那样活动的开销啊，毕竟他们也要赚钱的。那我就和他们耗着,我这开支少，还是能撑很长一段时间呢，而且这段时间还可以上其它地方好好参观参观，学习学习。"就这样他们开始了长期地对峙、冷战。刚开始这个大企业还能吃得消，慢慢地这个大企业就不行了，这么大的开销根本周转不开了。没过多久这个企业的领导召开会议宣布把这家面包店转让出去，他说："对面的那家面包店，我们耗不过，他们赢了，这是我们这个企业用这种方法后的第一次失败，我们要好好反省了。"就这样，那家看起来弱小的面包店竟然真的胜过了一个资产雄厚的面包连锁店。这让人们很是惊讶，也很敬佩这家面包店的老板，因为他能够冷静地面对问题，然后找到了赢对方的玄机，真正做到了在商业战争中的以弱胜强。

商业谋略中的以弱胜强，是基于客观情况而提出的克敌制胜的斗争策略。它是在一定的客观条件下，变被动为主动，化劣势为优势，以少胜多，以弱制强，乃至不战而屈人之兵的重要方法。运用谋略，重在对战争全局的谋划。制定战略要强调深谋远虑，尊重战争的特点和规律，多谋善断，料敌定谋，灵活多变，高敌一筹，以智谋取胜。上文讲到的那家小面包店的老板就是做到了这些，才能这么轻松地战胜比自己雄厚实力的面包连锁店吧！其实不仅仅是在商业谋略上、战争谋略上、可以弱胜强，就是我们中国最传统的功夫，也存在着以弱胜强的谋略。

国人都熟知的霍元甲，和他比赛的外国人可是比他强大得多吧，体格上绝对算是一种压迫，但是霍元甲知道要想赢必须靠敏捷和速度，这就是以弱胜强的智慧啊！不仅仅霍元甲，还有很多这样的例子，他们虽然是学武术的，但是他们也都理解以弱胜强的奥妙和玄机，这就是说，其实以弱胜强不是不可能的，只要自己有足够的信心，足够地清楚自己面临的问题，然后找出一个解决问题的最好方法，这就是以弱胜强的智慧。

其实不仅仅人类之间存在着以弱胜强，就连动物们也有很多弱小战胜强大的例子。我们众所周知的大象，它凌驾在万兽之上，可是一个小小的地鼠却能战胜它。还有令人很是惊叹的行军蚁，它们生活在亚马逊河流域，群体生活，一般一个群体就有一二百万只。它们没有固定的住所，习惯于在行动中发现猎物。晚上，行军蚁就互相咬在一块，抱在一块休息。工蚁在外圈，兵蚁和小蚂蚁被围在里面，目的是保护它们的下一代。虽然每一只行军蚁都非常小，小到一滴水就能把它们淹死，但是它们合起来的力量却很大，没有能挡住它们的东西。碰到沟壑，它们就抱成团，像球一样滚下去连接到对岸，形成一个蚁桥，让大军通过。当然，这种场面是很悲壮的，因为这和自杀差不多，不少蚂蚁都被冲走或者掉队了，但是没有行军蚁会退缩。行军蚁的捕猎能力惊人。它们以蟋蟀、蚱蜢等“大块头”为食，行军蚁之所以这么厉害，一是因为它们数量多，二是因为它们的唾液里有毒，猎物被咬伤后，很快就被麻醉，失去抵抗力了。所以说，当地人最怕的就是行军蚁。每天，行军蚁群能在数万场厮杀中取胜。民间把行军蚁说成战无不胜，从行军蚁的“战绩”上看，可以得知“弱小并不可怕，关键是要有战胜强大的心”，这样怎能战无不胜，以弱小胜强大呢？

明白以弱胜强的智慧玄机，就要知己知彼，并利用好天时、地利、人和，然后以饱满的热情、冷静的思考坚持着自己的事业。其实一个公司不管有多小，只要能冷静思考，找到能胜过比自己强的企业的智慧玄机，那么只要有时间，持久战就打得起。

三、灵活运用，出奇制胜

那么如何在实战中打胜仗呢？我们又该怎样去与对手周旋呢？一成不变的去和对手硬碰硬吗？必然不是，我们是不是要用持久战的策略去和对手较量呢？也不尽然，这个时候其实我们更应该注意的是根据不同的对手，来制定不同的战术策略，而且只是普通地利用这样策略还远远达不到我们打败对手的目的，我们更应该做到的是能够用灵活多变的策略去打击对手，通过将持久战策略中的各种核心方法结合，真正做到在商战中立于不败之地。站稳了脚跟，我们就能更加稳定地向前迈进。

有这样一则故事：

一对华侨夫妇去美国做生意——在街上卖新出炉的面包。

他们坚持每天清晨推着热面包出去卖。

以前美国人在街上总吃冷面包，现在有了热的，又香又软很好吃。很快，晨练的人们就被香味吸引过来了。结果，他们的面包每天都卖得光光的。他们运用了一个诀窍：如果全天有10个人来买面包，明天就只做9个，永远让一个人买不到。这样，第二天来的人会更早、更多。如此经营，到后来，这对夫妇开了美国第二大面包连锁店。

仅仅是一个面包的贩卖策略就成就了一个巨大的面包公司。这不是天方夜谭，更不是奇迹，而是因为他们懂得思考，懂得利用一些策略去销售自己的产品。那样就能取得意想不到的成功，这就是灵活运用的魅力了。

我们去SHOPING，常常在看一件衣服时，会听到服务员讲："不好意思！小姐，这款没有你的SIZE了。而且下批货已经有客人预订了。"那么此时，我们不是马上放下它，通常会更认真地欣赏它，并很有可能更加觉得这件衣服不错。但如果服务员讲："你好！要试一下吗？这款我们有很多的，我去取件新的给你试？"而这个时候，我们多数会匆匆而过。这里面就又有着学问了，人都是好奇的动物，而这样的销售策略就是抓住人们的好奇心理。同样是在买衣服，取得的成果却截然不同。其实本质不在于衣服的质量的好坏，而是在于能否灵活多变地使用我们学到的策略。

同样的，在客人需要我们的某项产品时，我们可以回答："仓库大量库存，随时可以发货。"或者说："厂来不及生产，暂时没货。"但其实我们是可以换一下思维，这样说："您好！您想要300件？噢，现在仓库可用库存只有280件。抱歉啊！这样吧，我帮你看看另外两个老顾客，看可不可以从他们的已订货中减一点先给你！"或者说："哦！您想要5000件？好，不过现在仓库库存有些不足。有两个老顾客已下了不少订单，工厂正在赶货呢。您一起订吧，或者能先给您出货。”

有即无，无即有，就看你如何审时度势，随机应变，灵活运用。

相信策略不同，说话技巧不同，必然会收到不同的成效。

你为什么有那么多库存？人家同样规模的厂，为什么会供不应求？

可能很多地方存在问题，营销肯定是问题之一。物以稀为贵是其一。

这就是少做一个面包，永远让一个人买不到的理论。其实人能在乎的不是一个面包的问题，而是它那么畅销的原因，这就是一种饥饿销售策略。把握好消费者的心理才能使饥饿销售取得最大的成功，也许有人在看到别人成功时用饥饿销售取得成功，自己就不顾前提地给消费者演上这么一出，结果到手的生意却飞走了。所以说，并不是什么情况下都能够来使用这一种饥饿销售策略的，这需要的是灵活的运用而不是生硬地照搬。不然，捉鸡不成蚀把米。明明能够到手的利益往往不翼而飞。

因此，我们在借鉴别人成功经验的同时，更应该联系自己的实际情况来考虑问题，要去理解他人在面对问题的时候灵活地运用各种精妙的策略，通过灵活多变的策略来解决问题，而在这方面做得很好的有这样一个人，他是石油大王哈默。他的成功经营史一直是许许多多人追崇的经典，人们对他有着“灵活多变”的评价，这说明他是善于灵活多变运用策略的人，而大多数人都知道，他的经营史上最成功的一次是在利比亚的投标。这不仅给他自己带来了巨大的利益，也为我们留下了一个经典的分析案例。

那时候哈默的西方石油公司还只是一个资本很小的企业，与其他大型的石油公司相比十分渺小，但就是这么一个小公司却在强手如林的众多投标者中独占鳌头，一举夺得两块租借地。他是怎么做到的呢？我们来仔细分析一下：那个时代的利比亚是一个寸土寸金的地方，只要是沙漠的干风没有把黄沙刮得遮天蔽日，那里每天都充满了买进卖出、赢钱和输钱的气氛，的黎波里和班加西这两个互相竞争的大都市看上去像是巨大的集市，到处都像是在进行掷骰子赌博的活动。而参加赌博的人不是赌徒，而是各式各样的石油经营者，但是他们的疯狂比之真正的赌徒也是不遑多让的。他们有的是专门从事这项事业的，也有的是有着雄厚的资本想要进军这个领域的，有政府的，也有私人的，总之在这里活动的人，三教九流都有。他们都希望通过种种手段与利比亚的皇室扯上一点儿关系，从而得到开发的权利，甚至是名牌大学的教授之流都拿出各种各样的资料，做着各种各样的交易。

而哈默的公司也不是最先发现这个市场的，那个时候，当哈默的西方石油公司来到利比亚的时候，利比亚政府已经着手准备进行第二轮出让租借地的谈判了，也就是说哈默也没有抢占先机的优势。但就是这样一个什么优势都没有的公司，却能成功，这让我们更加想知道他是怎么成功地租到这几块地的了。这好似传奇般的成功是如何取得的呢？根据利比亚法律，石油公司应尽快开发他们租得的租借地，如果开采不到石油，就必须把一部分租借地归还给利比亚政府。而这次出租的地区大部分正是原先一些大公司放弃了的租借地。哪怕只是这样的几块地，也同样是得到了无数公司的热烈追捧。而在这次投标中，虽然大部分是已打出若干孔井的废地，但也有一些没有经过开发的地带，而且很可能存在石油，所以40多家公司参加了投标，虽然这里面有的公司只是打着转手倒卖盘算的空壳公司，但是大多数是资本和石油工业经验充足的大公司。而哈默的西方石油公司能够有幸参加投标，是利比亚政府为了避免遭受大石油公司和大财团的控制的原因。

综合各方面的条件来考虑，哈默沮丧地发现西方石油公司中标的可能微乎其微，但是哈默就是哈默，他一点也没有因此而气馁，半途而废、善罢干休不是他的作风。一个年轻时就曾远涉重洋与列宁打过交道的人，他明白，若想在第二轮租借地的谈判中挫败实力雄厚的竞争对手，只能巧取，出奇制胜，不能豪夺。综合多方面的考虑，他想到了唯一可行的方案就是暗中向利比亚政府申请：如果西方石油公司能得到租借地，将给予政府诸多好处，也请利比亚政府给予西方石油公司比其他竞争对手更优惠的条件。他与政府达成协议，甚至决定从尚未扣除税款的毛利中取出5%供利比亚发展农业之用。而针对国王和王后，他投其所好，允诺在他们的出身地寻找水源，以此来取悦国王和王后。除了这些之外，还有许许多多的给予政府的好处，这些正是哈默的暗度陈仓之计。而与之相对的是他的明修栈道，他的投标书采取羊皮证件的形式，卷成一卷后用代表利比亚国旗颜色的红、绿、黑三色缎带扎束。他还在投标书上许以重诺：如果能够竞标成功会与政府一道兴建一座制氨厂。总之，哈默为了夺标，虽然让出了很多，但是结果却是值得的。他的策略成功了，不论是暗度陈仓，还是明修栈道，那些条件都是政府不愿松口的肥肉，所以他同时得到了两块租地，还是大多数资金实力十分雄厚的公司竞投的两块租地。第二轮谈判招标的结果使那些显赫一时的竞争者大为吃惊，明其所以然后，他们深深为哈默高超的手段和周旋的技巧而叹服。

而在夺得这两块租借地后，西方石油公司凭着独特有效的经营管理，使之成为其财富的源泉。此举给西方石油公司的发展带来了巨大的助力，也让全世界的人看到了哈默的聪明才智。而实力弱小的西方石油公司，之所以能在强手如林的众多投标者中独占鳌头，一举夺得两块租借地，关键在于它在明修栈道、引人瞩目的大动作下，又来了暗度陈仓的小动作，使利比亚政府在哈默提供的利益允诺的诱逼下，天平倾向于西方石油公司，哈默取得了招商谈判的巨大成功，招商竞标的结果大大出人意料。

“暗度陈仓”的前提，是“明修栈道”，即公开地展示一个让敌人觉得愚蠢或者无害的战略行动，以使敌人松懈警示。在公开行动的背后，或有真正的行动，或去转移防卫，趁敌人被假象蒙蔽而放松警惕时，给敌人以措手不及的致命打击，自己则在没有遭到任何抵抗或防备的情况下，出奇制胜。

出其不意的胜利与竞争策略的灵活运用往往是分不开的。在竞争中，聪明的人往往会看到别人所看不到的机会，并且能够通过这样的机会来灵活制定出适合的策略，加以实施。那么一次出乎他人意料之外的胜利就会到来。

商战中出奇制胜的事例屡见不鲜。凡是超乎常规、常态、常识者，都可称为奇。奇与正是相对而言的，“奇谋”是取胜的诀窍之一。商战中的弱者欲与强手一搏，出奇制胜是有效的战术并可收到有效的结果。出奇制胜从不同角度分析各有不同的奇妙之处：或招法奇特，或天降奇兵，或因巧成奇、独辟奇径，或处险生奇等等。

想要做到出奇制胜，出奇者本身是要具备一定条件的，这需要这个人要有异常丰富的想象力和处险不乱的稳定的心理素质。如果遇事就不知所措，优柔寡断，犹豫不决，或者发现转机就激动不已，这样的人是绝对无法做到出奇制胜的。其实出奇制胜大都是非常情况下的非常之举，它不同于其它战术，这就对实施战术的人有着更高的要求。因为这往往是置之死地而后生的一招，不成功便成仁。出奇制胜是一种战术策略，仔细分析“出”“奇”“制”“胜”，可以发现其实它的每一个字都是战术。

出，就是做出、推出的意思。它是一种主观上的动作，所谓出，必须要有人来做这个动作。当我们遇到困难的时候，是轻言放弃，还是不言放弃，都是我们的主观。我们能有一颗“出”的心，才能有成功的可能。当困境之于我们，犹如四面困死我们的无形之墙的时候，我们不能坐以待毙，应该积极地寻求出路，所以出又有出路的意思。只有做出决定，不放弃，才能找到出路。所以，这就告诉我们在困境中，一定要首先做好出之策略。

奇，就是异，不是寻常的道路，它的出现当然不是凭空来的，奇的出现是建立在一定基础之上的，它依靠的是实物。对于同样的东西或事情，当想法或看法与众不同、独具一格时可谓之“异”，而如果这种“异”又能在解决当前问题上有着十分独特的效果的时候，那么就可称之为“奇”了。所以从它的定义上可以看出，奇的出现是需要十分苛刻的条件的，但是就是这样苛刻的条件下出来的策略，才能具有那种起死回生的巨大功效。所以，在困境中普通的方法行之无效的时候，何不去寻找奇招的存在呢？

制，这就是行动策略了。空有想法而不去将之运用到实际的运用中，那即使是奇招，也于事无补。这就需要我们具备行动的策略了。制，就是出和奇的具体表现。好的行动策略往往能够事半功倍，同样好的奇招，一方使用枯燥的行动方案去完成，而另一方能够通过思考给出更好的方案去实现，显然效果是不一样的。用更好的行动策略去完成奇招，其实本质上也是一种出奇制胜。

胜，就有着更大的学问在里面了。虽然它只是前三个策略的结果。但是胜也不是简简单单的胜利，胜的策略其实是为了能取得更大的胜利而出现的。胜能分很多种，险胜、小胜、完胜等。不同的策略赢得的效果也是不一样的。也许付出很多却胜势甚小，显然不能如人所愿了，很多时候胜利的程度是可以人为控制的，而“胜”之策略就是如何去控制胜利了。

我们从不同的方面分析下面的例子：就在全国自来水笔、圆珠笔供应基本饱和，市场需求下滑的时候，有一家制笔厂——上海制笔厂却始终能够保持企业的旺盛生机，其实这其中的诀窍在于，这个公司始终贯彻出奇制胜的战术，具体说来是贯彻“奇”之策略，他们能不断地推出许多他人意料之外的奇特产品。如书写后2－3小时内可擦去字迹的圆珠笔；能在书写时出现两种颜色的镶边记号笔；书写润滑流利，刚刚流行于世的微孔塑料墨水笔等，这就是奇招之所在了。我们可以看到仅仅是一个奇招的利用，就使得这家企业基业长青。相信在以后的道路上他们也一定可以走得更远。而我国贵州茅台酒之所以成为世界名酒也是因为一次出奇制胜的战术，茅台酒的特点在于它的清香，以香闻名。而很少有人知道这出奇的酒香能够为外国人所知，其实这是由于出奇地一摔。据说，在一次世界性评酒会上，各国评酒家对包装简陋、其貌不扬的中国茅台酒不屑一顾。中国酒商急中生智，故意将一瓶茅台酒摔碎在地，顿时酒香四溢，满座皆惊。茅台酒从此名声大振，跻身于世界名酒之林。这无疑是“出”之策略与“奇”之策略相结合，起到了独特的效果。

几乎是众所周知的，出奇能够取得巨大的成功。但是，往往有着这样的情况，只要奇招奇事有一人用之而获成功，那么就有无数人纷纷效仿，这样一个“奇”招也就变得遍地都是，再普通不过，也就失去了奇的作用。真正的奇招，其终归要归于正途，所以求奇而不务正，则奇便如无根之树，无舵之舟，失去根基，不会有大好前途。求奇要从正处入手，以正生奇，以奇辅正，方不失出奇制胜的真正要领。因此，正确理解奇与正的关系是运用出奇制胜战术的基础。出奇制胜是商场上竞争格局衍生的经营智慧，许多公司及企业家在面临危机的关头，没有坐以待毙、困守危城，而是以商战奇谋勇敢应对，巧妙布局，从而扭转了企业面临的困境。

同样的一把大刀，放在孩子手中，和放在大人手中的力量是不同的。商战策略中蕴含的智慧博大精深，多多参悟，必定受益良多。正所谓：智者之智，愚者之愚。我们在其中得到的不能仅限于是这些策略是如何的好用，而是应该领会这样的策略我们该怎么样地去灵活运用，以至于出奇制胜。

四、商场战术在应对危机时的综合运用

商场中没有绝对的一帆风顺，总会有这样或那样的问题会突然地出现，我们习惯将之称为风波。面对风波，有的企业谨言慎行、步步为营，有的企业处变不惊、应对果敢；当然，也有企业在危机来临时莫衷一是、进退失措……当企业发展壮大后，必定会遭遇这样或那样的危机，有的时候是外部的大趋势导致，也有的时候是自身的内部因素引发。但是不论危机是怎么出现的，既然它已经出现，那么我们就必须得很好地去化解它。所以就让我们来讨论讨论企业是如何面对危机的？怎么样从危机中摆脱出来？又该这样去综合运用商战策略，岿然于危机？

其实，首先我们得在心里明白一点：危机并不可怕。因为危机之于企业就像病痛之于人，这是难以避免的，但是我们应该尽量地做到让其对我们的损害减到最小。首先，危机时我们就要及时地去化解它，不能草草了之，采用治标不治本的策略去解决它。其实祸根还是深埋在企业中，一旦积累过多而一起喷发出来时，就什么方法策略也于事无补了。所以如果每次都能够很好地

化解危机，甚至可以给自身带来意想不到的好处。其实，只要处置得宜，危机也可以是契机。

因此，在面对危机的时候我们要做到的第一点是面对每一次危机，我们应该快速反应，认真对待。

在企业的发展过程中。总会有危机的存在，资金危机，品牌危机，信誉危机等。这些都是可大可小的，但是我们不能因为危机过小就去马虎对待它，或则干脆就是不管不顾，不然到最后只会因小失大。这就是面对危机过程中的一种步步为营的策略，小心面对每一个危机。

2010年富士康跳楼事件的发生，也将这家成立36年来一直隐居幕后的B2B企业，置于全球媒体的聚光灯下炙烤。

2010年1月至6月，一共有13位年轻的富士康职工选择跳楼结束他们鲜活的生命，富士康被贴上血汗工厂的标签。面对汹涌而来的危机，富士康一开始采取回避与沉默的姿态。但随着自杀人数的不断攀升，董事长郭台铭终于坐不住了。

2010年5月26日，在深圳龙华厂，富士康科技集团总裁郭台铭首度公开面对数百家媒体。当着千余人，他深深三鞠躬，“除了道歉还是道歉，除了痛惜还是痛惜”。

5月25日，郭台铭来到深圳，并于5月26日在富士康龙华园区会见200多名海内外媒体记者，并主动带记者参观社区、厂区、车间、宿舍楼、员工关爱中心等。为避免伤亡再次发生，富士康在宿舍楼的阳台安装防护网，吊车进入富士康担负起吊任务。虽然在危机发生以后，富士康为此做出了一定的危机公关并尽量挽回企业形象，但在出现“10连跳”后，郭台铭才站出来回应外界质疑。显然，郭台铭的步子慢了，他也为此付出了惨痛的代价。

“富士康”的事例告诉我们：在商场中，时间是十分重要的。兵贵神速，而不贵久。如果当时富士康高层领导能够对此迅速做出反应并采取相应的政策，或许这是一个很大提高企业形象、进行宣传的机会。但是因为相关负责人最初不愿直面危机和问题，导致情况越来越严重，事情不能得到及时的澄清，一个不健康的企业的形象就映入消费者的心中了。

虽然郭台铭最后出面当场道歉，并采取了一系列的政策，但这些处理手段只能说遏制住了事态的进一步发展，但并没有在媒体高度关注的情况下，起到恢复品牌美誉度，提升企业形象的作用。相信事后郭台铭也会扼腕喟叹，如果当时他能够迅速行动，最大限度地挽回影响，并在面对危机时能够占据主动，或许最终会反败为胜。

第二点，可以归纳为：丢车保帅，壮士断腕。

有的时候，危机的全面来袭，企业会措手不及，在短时间内根本无法做出有效的解决方案。而且继续拖下去，只会对企业产生更大的危害，甚至伤其根本。这个时候就需要企业能够在最短的时间内针对事件的起因、趋向及影响（显性和隐性）作出评估，并参照企业一贯秉承的价值观，明确自己的核心立场。将其它附加出现的问题的枝枝叶叶剔除。首要保存企业的核心不被破坏，这样才能将在危机的肆虐中的损失降到最低。而如果当问题出在核心本质上了呢？答案是，这个时候我们也要坚持核心主场，哪怕需要自断一臂也必须坚持下去，只要核心还在，企业就有东山再起的一刻。在危机发生的时候，坚持核心主场就应该是我们必须坚持的原则。

一个企业的核心战略是需要始终如一地坚持下去的，哪怕遭到了他人的怀疑，我们也必须以强硬的态度去坚持。因为如果你自己都不能够对自己的产品充满信心，他人怎么会相信这个产品呢？曾深陷诉讼风波中的雀巢公司，在“转基因诉讼”一事上所表现出的态度相当强硬，究其原因，采用转基因原料已成为该企业的既定产品战略——在他们看来，因为个别消费者的意见而影响“最高战略”是不合理的。姑且不论雀巢与消费者两者孰是孰非——单从危机管理的角度看，雀巢的强硬是可以理解的。所以坚持核心立场法则强调企业对危机事件的基本观点、态度不动摇。这种立场不应是暂时的、肤浅的、突兀的，而应是持久的、深思熟虑的、与企业长期战略和基础价值观相契合的。无论危机的来势多么凶猛，企业在危机处理之初都应向内外受众和盘托出自己的核心立场。

而国内的海尔却做得不是很好，它在发展过程中通过各种策略，完成兼并和收购了接近15家公司，但是其核心的定义却越来越模糊了，最近铺天盖地的海尔药业的广告让消费者极不舒服，它的一种核心在流失，在家电业拥有一席之地的时候，它却又开始了在医药业上面的发展，而且海尔医药本身就像一个吸血虫一般，一直是处于亏损的状态，如果不能及时地将这个枯枝剔除，如果经济出现大的动荡的话，海尔将会承受重大的打击。这应该引起海尔的深思。

企业核心的发展需要大家的一致认同，因为只有得到普遍认同大家才会去坚持，所以在很多时候核心立场应简单明确，同时，所有参与危机管理的人员都必须深入理解、始终贯彻这一立场。当断必断，不能拖拉。该坚持的要一直义无反顾地坚持下去，不该坚持的要及时发觉，及时摒弃。

第三点，主动出击，将危机扼杀在萌芽。

企业要将危机扼杀在萌芽阶段，这对管理者的个人能力有着较高的要求，需要对整个企业各个环节、每个部门的隐患问题都有所了解。而主动出击，扼杀危机则是一种事前的反应和处理，如果能够做到这一点，那么它对于公司的发展是最直接、最有效的手段。及时地反应，全面地调度，这都是想要做到这一点的管理者所应该具备的基本能力。

第四点，在应对危机时我们应该做到集权化的管理。

很多时候我们不能在危机发生的时候才应对危机，应该将其当做一种随时可能发生的事件来处理，而集权化的管理理念就是要在企业内部建立起一个职责清晰、权责明确的危机公关机构。因为清晰的职责划分是确保危机管理体系有效运作的前提。同时，企业应确保危机公关机构具有高度权威性，并尽可能不受外部因素的干扰，以保持其客观性和公正性。简单地说，就是危机发生的时候，人们需要有人站出来领导，人们需要的是指示和命令。告诉我发生了什么，告诉我应该怎么做。这样在处理危机的时候我们才能做到有方向，有条不紊地去应对危机。

如果没有完善好危机应对时的集权管理，就会像朗科公司一样出现危机无法解决的尴尬境地：在多年前的某个IT网站上出现了一篇对朗科公司的所谓内幕揭露的文章，署名为前朗科员工，这篇文章一出现，顿时在互联网上引起了轩然大波，人们对于朗科的质疑之声达到了前所未有的强度。而在这件事发生的几天后朗科公司才正式对外发表声明，称这是一次“网络恐怖袭击”。虽然公司的主要管理人员与几家主要媒体，就事态的发展，陈述了朗科对该事件的态度，并逐一批驳了文章对朗科公司的质疑。但是，局面根本控制不了了，朗科方面的解释显然没有起到澄清事实的作用。甚至还有一些媒体开始针对神秘文章的“爆料”和朗科言论的疑点开始做起了文章。甚至在网络上出现了这样的一种观点：此次袭击其实是朗科竞争对手针对一年前朗科公关公司负责人的报复行动；同时朗科前公关公司负责人也加入战团，使事件真相更加扑朔迷离。没有统一的调度，没有人能及时地站到台面上来处理这个问题，而是好像打乱战一般，毫无重点，结果致使朗科专利事件的真相仍羁留于灰色森林中，没有一个黑白分明的结论。这幕充斥着恩怨情仇的闹剧演员众多，没有绝对的领导，缺乏强有力的管理、约束——不同的人、不同的利益集团发出迥异的声音，基于利益与意气的相互“揭发”令整个事件弥散着“阴谋”的味道，以至于人们根本弄不清楚谁讲的是真话、谁说的是谎言。这就与朗科平常工作中管理者的管理能力有着很大的关系了。

混乱的引发有着这样或那样的原因，但是归根结底还是因缺失权威而引发的混乱。如果把企业危机事件管理项目化，那就需要任命项目的绝对领导者。绝对领导的实质其实就是集权管理，当事故出现时事故处理者需要的是绝对的控制力，而不是民主。企业领导者应在危机乍现之时便赋予危机事件管理者充分的权柄，只要有利于危机的解决，企业所有层面的人员都是危机事件管理者可以调动的资源。权力越大，责任越大。危机事件管理者既为一军主将，自然也要对战役的结果，危机最终是否得到妥善的解决负全责。这样管理者才会倾尽全力去化解危机，而在统一的调度之下，危机的化解就能更加地顺畅了。

第五点，未雨绸缪，危机应对体系的提前建立。

面对如今风云变幻的商场，稍有不慎就会遭遇到危机，而如果每次都是危机出现，才想着去应对危机，那么难免会落于被动。所以，一个完整的危机应对体系应该时时刻刻存在，有这样的一个体系在时时刻刻准备着，那么危机出现的同时，这个体系就能够第一时间开始运作，着手解决危机了。

过去的许多年间，我们亲眼看见危机将一个个企业毁灭，也看到一个个企业能在危机的洗礼中逐渐壮大，而这样不同的结果告诉我们的就是企业的危机公关意识的重要性，它不同于一般发展壮大的策略，能够在很短的一段时间内就使得企业有着一个很大的进步，但是一旦用到它的时候，它起到的重要作用就不是哪些发展策略所能比拟的了。潜在危机一旦处理不慎，就会全盘皆输，甚至连翻本的机会都没有。所以提倡企业将危机公关纳入到企业的战略当中去，建立一套严密的管理危机的体系，未雨绸缪，运筹帷幄，以适应现代企业的健康良性发展之需要。

而危机体系的建立也不是随随便便的，它需要有很规范的措施，一个有效的危机管理体系是一个由很多不同的部分组成的一个庞大的体系，需要各个部分协调合作。因而，企业危机公关的有效与否，除了取决于危机管理体系本身，在很大程度上还取决于它所包含的各个子系统是否健全和有效运作。任何一个子系统的失灵都有可能导致整个危机管理体系的失效。如果一个公司的总裁是在吃早餐时看新闻才知道危机来临的话，那么丰盛的午餐可能已经痛苦地丢失了。

第六点，出现问题后，堵不如疏，疏堵结合。

危机缓解有着很多的学问，而对于其中堵与疏关系的把握更是十分困难。很多时候堵与疏的关系处理不好，甚至可以将问题更加严重化。所以对于如何把握住它们的关系很有必要做出分析。对于一个危机，疏是对外的，它可以使得外界的舆论导向得到改变，堵则是对内的，在应对危机时，企业上下应该是一个声音。若是对于同一危机事件，企业内部竟传出不一样的声音，这就是危机管理的大忌，这不仅会令原本简单的事态趋于复杂，更会暴露出企业内部的矛盾，甚至可能由此引发新的危机。所以对内，必须杜绝那种未经授权便擅自发声的情况；对外则根据事前的部署，由危机事件管理者指定的发言人发布信息。这样的疏堵结合的策略是应对危机时行之有效的绝佳策略。

安内攘外，实为一体。疏堵结合法则不仅包括了企业对外的言论发布，也涵盖了企业对内的解释说明。危机事件管理者既需遴选圈定信息通路，还要切实保障信息内容的一致性和信息发布形式的一贯性——即使借助强制手段也在所不惜。尽量采用单一发言人制度——倘若因种种原因，需要不同层次的企业人员扮演信息发布者角色，那么一定要事先审核并协调统一对话口径。

第七点，关于应对危机过程中的信息沟通的策略。

危机的处理本就是上下一体、齐心协力的过程。如果在危机处理的过程中，出现了信息的堵塞，使得上层的决策信息不能及时地传达到下方的执行人员，抑或是下方的执行情况没能及时地反应到决策层，信息的不对称，会使得危机的处理举步维艰，这是企业管理者不愿意看到的。其实，从某种意义上讲，危机战略的出台在很大程度上依赖于其所能获得的信息是否充分，而危机战略能否被正确执行则受制于企业内部是否有一个充分的信息沟通渠道。如果信息传达渠道不畅通，执行部门很可能会曲解上面的意图，进而作出与危机战略背道而驰的行动。这样结果显然是得不偿失的。

有效的信息沟通可以确保所有的工作人员都能充分理解其工作职责与责任，并保证相关信息能够传递给适当的工作人员，从而使危机公关的各个环节正常运行。企业内部信息的顺畅流通在很大程度上取决于企业信息系统是否完善。其实我们的国内企业应加强危机公关的信息化建设，因为任何理由瞒报、迟报，甚至不报的行为都是致命的。可口可乐在危机发生时几小时内就可以联络到总裁，不管他正在进行高级谈判，还是在加勒比海度假，这是可口可乐严密高效的组织协作的体现。

而在这个方面立邦作为一个知名的大型企业，却做得不好，显示出他们应对危机时的稚嫩和无措。那场危机是因为一本广告刊物上的一则立邦漆广告引起的，这则名叫“龙篇”的立邦漆广告作品——画面上中国古典亭台的两根盘龙立柱对比强烈，左柱色彩黯淡，但龙紧紧攀附在柱子上；右柱色彩光艳，龙却滑落于地。虽然这则广告遭贬斥有着政治和民族情结的背景，但既然事涉自身，便理应给关注此事的内外受众一个满意的交代。但立邦方面的处理态度却是拖延、敷衍、淡化，没有就这起网民认定为“挑衅中华民族感情”的事件发布任何有益其挽回形象的信息——当事人仅以未经授权发表为由来塞责。而且，在事情发生后的十几天里，立邦和其广告公司也没有交换过这方面的信息，最后只是草草了事。如果在第一时间立邦就能给出明显的道歉态度，那么它的企业形象绝对好于现在很多。

但是同样的是遭遇到广告危机，尽管当年“丰田霸道令中国石狮敬礼鞠躬”的广告也曾备受抨击，但在保障信息对称这一点上，丰田的做法明显较之立邦要好很多——在意识到事件的严重性之后，无论丰田公司，还是发布广告的媒体，或是创作该广告的广告公司，都一致对外“表示诚恳的歉意”，而公众在不断接触到责任方所释放的“歉意”之后，也体察到事件确属丰田的无心之恶，危机因此而逐步化解。

可怕的不是“苍蝇”，而是自身的“缝”。

《孙子兵法》有云：“（善战者）先为不可胜，以待敌之可胜。不可胜在己，可胜在敌。”某种意义上，这句话足以成为现代企业管理危机事件时所需遵循的“总诀”——首先应营造出不被敌人战胜的条件，并在此基础上等待战胜敌人的时机。对企业来说，能否营造出“不可战胜”的条件，这取决于自身；而竞争对手之所以可胜，大抵也在于其为我方提供了可乘之机。然而，“不可胜”并非意味着不会遭遇危机。作为企业的领导者，只有坚持诚信、洞察规则、严守藩篱，才能使企业在八方风雨来袭之时岿然屹立。

总之，风险和危机，它不以我们的意志为转移，该发生时必然会发生，只不过有时我们可以控制某些危机。危机不幸发生时，我们应利用各种策略来使遭受的损失不至于达到致命的程度。也就是说，我们可以用我们的智慧使这些不幸的结果最小化。最后，希望我们的企业管理者能够有危机应对的意识，提升危机应对的能力，真正地学习到一些应对危机时有用的策略。